투자의 시간

• 비교의 용이함과 이해의 편의를 위해 외국 돈을 우리 돈으로 환산할 때 시점을 무시하고 다음과 같은 단순한 비율을 사용했습니다. 미국 1달러는 1200원, 1유로는 1400원, 영국 1파운드는 1600원, 오스트레일리아 1달러는 1000원, 1엔은 10원, 그리고 1위안은 180원으로 가정했습니다.

현명한 투자자가 되기 위한

투자의 시간

권오상 지음

지베르니

투자의 시간

1판 1쇄 인쇄 2024년 12월 27일
1판 1쇄 발행 2025년 1월 24일

지은이 권오상
펴낸이 김미영

본부장 김익겸
편집 김도현
표지디자인 이유나[디자인 서랍]
내지디자인 이채영
제작 올인피앤비

펴낸곳 지베르니
출판등록 2021년 8월 2일
등록번호 제561-2021-000073호
팩스 0508-942-7607
이메일 giverny.1874@gmail.com

ISBN 979-11-987734-1-8 (03320)

DEO GRATIAS

===== 차례 =====

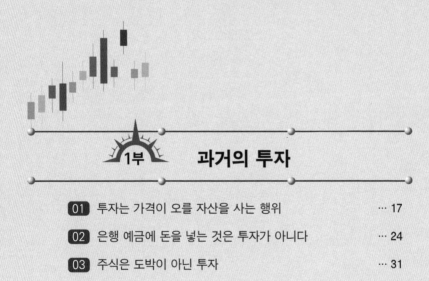

1부   과거의 투자

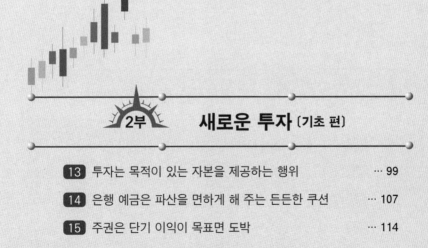

2부 새로운 투자 [기초 편]

3부 새로운 투자 (응용 편)

권오상 박사의 신간을 추천함에 있어 먼저 저자와의 개인적 인연을 밝히며 시작하는 것이 맞을 듯싶다. 금융계 사람이라면 내가 도이치은행 기업금융 헤드로 옮겼을 때 당시 스트럭처링 헤드였던 권오상 박사를 만났다고 생각할지 모른다. 사실 나는 그와 같은 초, 중, 고, 대학교를 동기로서 다녔던 기별한 관계나. 그의 30번째(!) 저서인 《투자의 시간》을 금융 관점에서 나보다 더 잘 비평할 사람이 없지 않을 것이다. 그러나 50년 가까이 그를 옆에서 지켜본 사람으로서 그가 어떤 사람인지를 말할 최적임자가 나라는 것만큼은 분명하다.

그런 그에게서 내가 늘 느끼는 것은 그만의 남다른 부지런함과 영민함의 결합이다. 2012년에 아직 인쇄돼 나오기 전이었던 그의 첫 번째 책 원고를 본 이후로 그는 지난 12년간 29권의 책을 출간했다. 대학 교수, 금융감독원 국장, 벤처캐피털 회사 대표로 이어지는 현업을 지속하는 와중에 이토록 책을 저술할 수 있다는 것은 단순한 성실함이나 똑똑함 하나만으로는 가능하지 않을 일이다. 게다가 그의 관심과 주제는 참으로 다양하고 지평이 넓다. 기존의 사고에 얽매이지 않고 남들이 깨닫지 못한 것을 혼자 힘으로 깨우치는 그의 지적 번뜩임은 어린 시절부터 느껴오고 때로는 배우고 싶었던 모습이었다.

금융 업계의 상식과 학계의 이론을 허물고 신세계를 보여주는 이번 책은 그 생각의 전개가 실로 아름답기까지 하다. 그동안 금융을 안다고 자부해 온 스스로가 부끄러워질 정도다. 고등학교 시절 야간 자율

학습을 마치고 같이 하교하면서 잘 안 풀리는 수학 문제를 물어보았을 때, 가로등 밑에서 그의 설명을 듣고 그 부분의 수학 문제가 갑자기 쉽게 느껴졌던 기억이 난다. 독자들도 이번 그의 책을 보면서 조금이나마 투자에 대한 그런 느낌을 갖게 되기를 기대한다.

금융인 서영준

이 책은 투자의 과거와 새로운 현재를 한꺼번에 다룬 책이다. 과거의 투자를 다루는 이유는 여전히 많은 사람이 그러한 방법을 사용하고 있기 때문이다. 최소한 남들이 아는 수준까지는 어쨌든 알 필요가 있다. 새로운 현재의 투자를 소개하는 이유는 자명하다. 약 광고에 빗대어 이야기하자면, "더 이상의 자세한 설명은 생략한다. 설명은 이 책의 본문이 한다."

이 책을 읽는 방법은 사람마다 다를 수 있다. 대학에서 투자를 배웠거나 투자가 뭔지 안다고 자부하는 사람이라면 1부를 건너뛰고 2부부터 읽어도 좋다. 또 과거의 투자는 관심 없고 새로운 투자만 빨리 배우고 싶다면 2부부터 읽을 일이다. 반대로, 투자를 안 해 본 건 아니지만 체계적이지 않거나 '투린이'에 가깝다면 1부부터 차례대로 읽는 것을 권한다. 과거의 투자와 새로운 투자가 무엇이 다른지를 마음에 새기고 싶은 사람이라면 1부의 1장부터 12장까지 제목을 보고 그중 마음이 끌리는 순서대로 1개 장을 읽은 후 그에 대응하는 2부의 장을 읽으면 된다. 1부와 2부의 장은 같은 순서로 대응하도록 해 놓았다.

우연한 계기로 책을 쓰기 시작한 이래로 지난 12년간 출간한 29종의 책 중 8할이 금융과 경제, 경영 주제일 정도로 돈과 투자는 내 지적 관심사와 업의 중핵이었다. 그런데도 어느 책에서도 제목에 '투자'라는 단어를 쓴 적은 없었다. 두 번째 책 제목에 투자자라는 단어가 있지만 부정적인 의미로 썼을 따름이었다.

이유가 있었다. 내가 학교에서 배우고 현장에서 하는 '투자'를 사람들에게 권하고 싶지 않아서였다. 도박판이나 다름없는 이 바닥에서 벌어지는 일을 일반인이 알아서 뭐 할까 싶었다. 보통의 직장인이라면 오히려 이를 가까이하지 않는 게 낫겠다는 생각이었다. 그보다는 "금융 회사가 하는 일이 이렇게 이상하다구요" 하고 호루라기를 부는 쪽이었다. 당시만 해도 투자의 이론과 실제는 앞뒤가 안 맞는다고만 느꼈을 뿐 내가 전체를 관통하는 해법을 알고 있지도 않았다.

비로소 생각이 바뀌었다. 제목에 투자가 나오는 이 책을 쓰기로 결심한 데는 두 가지 까닭이 있다. 하나는 카지노 자본주의가 소멸하지 않는 한 광의의 투자를 피해 갈 방법이 없음을 깨달았기 때문이다. 아무리 자산 시장을 흰 눈으로 보고 멀리하려 해도 범람하는 돈의 물결이 세상을 휩쓸고 지나가면 어느새 패자로 전락하고 만다. 일례로 결혼해서 그저 아이들 잘 키우고 싶은 게 전부인 선량한 사람들도 집을 어떻게 어디에 마련하냐에 따라 처지가 달라진다. 착하고 성실하게 살려는 사람들이 의지할 수 있는 최소한의 나침반이라도 내주고 싶었다.

또 하나의 까닭은 바로 투자의 이론과 실제를 관통하는 해법을 이제는 갖고 있기 때문이다. 그게 바로 이 책의 내용이다. 그 해법에 대한 자세한 설명은 이 책의 본문이 하겠지만 대강의 줄거리는 차례에 있다. 차례를 찬찬히 보고도 심장이 뜨거워지지 않는다면 아마도 새로운 투자의 시간은 당신의 몫은 아닐 것 같다.

2024년 9월
자택 서재에서
권오상

1부

과거의 투자

투자는 가격이 오를 자산을
사는 행위

투자는 도색물과 같다. 여기서 같다는 건 다른 의미가 아니다. 1964년 미국 연방 대법원 판사 포터 스튜어트는 외설에 관한 판결문에서 다음처럼 썼다.

"오늘 나는 도색물로 포괄될 내용의 종류를 정의하려고 이 이상 시도하지 않을 것이고, 그걸 알기 쉽게 정의하는 데 아마도 결코 성공하지 못할 겁니다. 하지만 도색물을 보면 나는 그게 도색물인지 압니다."

마찬가지로 사람들은 뭐가 투자인지 보면 안다. 기본적으로 투자는 가격이 오를 자산을 사는 행위다. 투자의 목적은 말할 필요도 없이 가진 돈을 불리기 위해서다. 사들인 자산의 가격이 나중에 오르면 되팔아서 처음보다 더 많은 돈이 생긴다. 그게 투자의 가치고 또 효용이다. 투자에 다른 목적은 없다.

사실 인생에서 돈이 전부라고 드러내 놓고 말하고 싶지는 않다. 그런 말을 입 밖에 내는 건 모양새가 나지 않는다. 하지만 너도 알고 나도 알고 모두가 안다. 현실에서 돈은 많으면 많을수록 좋다. 모자라서 문제지, 돈이 넘쳐 나는 게 문제는 아니다. 설혹 무언가 문제가 있을지라도 그런 일을 한번 겪어나 보고 싶다.

투자投資라는 단어의 한자를 풀어 보면 '재물을 던진다'로 옮길 수 있다. 여기서 '던진다'는 말은 그 결과가 100% 확실하지 않다는 걸 의미한다. 예를 들어, 야구에서 투수가 공을 던지는 걸 투구라고 한다. 현실의 경기에서 투수가 아무리 스트라이크를 의도한다고 해도 투구의 결과가 반드시 스트라이크가 된다는 보장은 없다. 때로는 볼도 되고 또 어떨 때는 타자를 맞춰 거저 타자와 주자의 진루를 허용하기도 한다. 투수의 투구가 어디로 날아갈지 모른다는 데서 야구 경기의 미묘한 재미가 시작된다.

사실 투자는 예전부터 우리가 쓰던 말은 아니다. 가령 《조선왕조실록》에는 투자라는 단어가 나오지 않는다. '경제적 이익 혹은 이자를 얻다'를 뜻하는 취리取利나 '물건값이 오를 것을 예상하고 폭리를 얻기 위하여 물건을 몰아서 사들이다'를 뜻하는 매점買占이 각각 167회, 11회 나오는 것과 대조적이다. 투자와 본질이 다르지 않은 투기投機는 8번 나온다. 즉 투자는 일제를 거쳐 들어온 말이다.

영어의 인베스트invest도 중간 과정은 다르지만, 궁극적으로 뜻하는 바는 투자와 같다. 인베스트는 '옷을 입는다'는 뜻의 라틴어 인베스티오investio에서 왔다. 팔이 없는 옷인 등거리, 즉 '베스트의 안에 몸이 있다'는 의미다.

그러면 인베스티오는 왜 재물을 던진다는 뜻을 갖게 되었을까? 68년 네로가 쿠데타로 쫓기다가 자살한 후 세 명의 군인 황제를 거쳐 69년에 황제가 된 베스파시아누스는 로마의 관직을 비싼 값에 팔아 제국이 쓸 돈을 마련했다. 관직을 나타내는 옷을 입으려면 돈을 내야 한다는 이야기였다. 로마의 귀족이 큰돈을 들여 관직을 사는 이유는 직에 있는 동안 들인 돈 이상으로 시민을 수탈할 기회를 가지기 때문이었다. 물론 황제가 쿠데타로 바뀐다든지 하는 등의 원인으로 생각보다 일찍 자리에서 쫓겨나 본전도 뽑지 못하는 일도 쎄고 쎘다.

즉 투자도 투구와 다르지 않다. 던져진 재물이 새끼를 칠지 아니면 그냥 사라질지 미리 알 수 없다. 미리 알 수만 있다면 정말 좋겠지만 정상적인 투자에서 기대하기 어렵다. 사실 이는 투자에 대해 반드시 알아야 할 첫 번째 사항이기도 하다. 투자의 결과는 확정되어 있지 않다. 달리 말해 결과가 100% 확실하다면 그건 투자가 아니다.

투자는 알고 보면 학교 공부나 직업보다 더 중대한 일이다. 특정 직업은 시험 성적이 좋아야 가질 수 있지만 투자는 그런 제약이 없다. 학교 다닐 때 공부를 잘하지 못했을지라도 얼마든지 투자를 잘할 수 있다는 뜻이다. 또 직업에 따라 월급이나 버는 돈이 다른 건 사실이지만 투자 실력이 좋으면 그까짓 차이는 순식간에 뒤집을 수 있다. 투자로 돈을 늘리는 건 그래서 중요하다.

이토록 중요한 투자를 왜 어릴 때부터 학교에서 가르치지 않는지 실로 궁금하다. 투자에 소질이 있는 걸 어려서부터 발견할 수 있다면 다른 공부할 필요 없이 투자에만 집중하는 게 더 낫다. 비근한 예로 요즘은 아이돌이나 연기자로 뽑힐 재능이 있으면 고등학교나 중학교는 말할 것도 없고 심지어 초등학교도 중간에 그만두고 일에 몰두한다. 야구 선수도 실력만 되면 대학을 가지 않고 곧바로 프로 선수가 되는 게 정상적인 경로다.

물론 금수저로 태어났다면 이 모든 게 필요치 않다. 공부가 안돼도, 또 투자를 못 해도 잘 먹고 잘사는 데 걸리적거릴 게 없다. 금수저가 아니라면 이야기는 다르다. 제아무리 개천에서 난 용이 되어 남들이 부러워할 직업을 가져도 그것만으로 금수저를 따라잡을 길은 막막하다. 투자가 아니고서는 달리 대안이 없다.

투자를 가르치지 않는 건 성인이 되어서도 크게 다르지 않다. 대학에 가더라도 투자를 저절로 배우게 되지는 않는다. 주로 1학년 때 듣는 교양 필수 과목에 투자 과목이 있다는 이야기를 들어본 적이 있을까? 있을 리 없다. 영어, 글쓰기, 토론, 코딩 정도만 있을 뿐이다.

대학에서 투자를 배우는 게 전적으로 불가능하지는 않다. 경영학과에 가면 아예 과목명에 투자가 나오는 게 있다. 이름하여 '투자론'이다. 전공 필수는 아니고 전공 선택 과목인 투자론은 보통 3학년 학생이 듣는다. 경제학과도 투자론을 가르치기는 한다. 다만 과목 이름이 금융경제학 혹은 재무경제학으로 바뀌어 불린다. 내용은 경영학과의 투자론과 거의 같다. 다른 과 학생도 이런 과목을 듣고자 하면 들을 수는 있다.

투자론을 대학이나 대학원에서 배우면 알게 되는 사실이 있다. 곰 탕에 곰이 없고 칼국수에 칼이 들지 않은 것처럼 투자론에 투자의 정 의가 나오지 않는다는 사실이다. 일례로 즈비 보디, 알렉스 케인, 앨 런 마커스가 함께 쓴 표준적인 투자론 교재의 색인을 아무리 찾아봐 도 투자라는 단어는 안 나온다. 또 캘리포니아 버클리대학교의 마크 루빈스타인이 쓴 《투자이론사》도 그 색인에서 투자를 찾을 수 없다. 마치 판사가 도색물에 두고 그랬듯이 "투자가 무엇인지는 말 안 해도 알잖아?" 하는 식이다.

투자는 현실과 이론의 괴리가 큰 분야다. 업계와 학계의 투자에 대 한 생각은 공통점이 별로 없다. 가령 투자의 정의가 투자론에 없는 것 이상으로 충격적인 건 투자에 관심이 있는 대부분의 일반인이 가장 알고 싶어하는 내용이 투자론에 나오지 않는다는 점이다. 그건 바로 가격이 오를 자산을 고르거나 찾는 방법이다. 놀랍게도 투자론은 그 런 방법을 가르치지 않는다. 그런 방법을 배우고 싶어서 투자론을 수 강 신청한 사람보다 더 크게 실망할 사람은 없다.

여기에는 이유가 있다. 업계는 가격이 오를 자산을 잘 찾아내는 게 실력이라고 생각한다. 또한 그게 가능하다고 생각한다. 일반인의 기대 역시 업계와 크게 다르지 않다. 사람들이 가장 알고 싶은 건 가격이 오를 자산을 족집게처럼 찍는 방법이다.

학계의 생각은 다르다. 학계는 그런 실력은 존재할 수 없다고 주장한다. 통계학의 기법으로 분석해 봤을 때 투자 실력의 실재를 확인할 수 있는 신뢰할 만한 증거가 나타나지 않았다는 이유에서다. 따라서 학계가 보기에 가격이 오를 자산을 찾는 건 가능하지 않은 과업이다. 즉 투자의 실력에 대해 업계와 학계는 생각이 전연 다르다.

투자에 대한 명시적인 정의가 없는 건 생각지 못한 혼동을 일으킨다. 일례로 공매도를 들 수 있다. 공매도란 가지고 있지 않은 자산을 빌려서 파는 거래 기법을 말한다. 공매도가 일반적인 시장에서라면 상상조차 하기 어려운 기법인 건 사실이다. 가령 집 근처의 전통 시장에 가서 가지고 있지도 않은 쇠고기를 공매도하겠다고 들면 정신 나간 사람 대접을 받아도 싸다.

공매도는 가격이 오르지 않고 내려가야 돈이 되는 이상한 거래다. 가령 삼성전자 100주를 주당 8만원에 공매도했다고 치고 얼마 후 주가가 5만원까지 떨어지면, 8만원에서 5만원을 뺀 3만원의 100배인 300만원의 이익을 얻는다. 반대로 주가가 10만원으로 오르면 1주당 2만원씩 손실을 보니까 모두 200만원을 잃는다. 잘 되면 돈이 늘지만 그 결과를 미리 알 수 없다는 면에서 공매도는 투자와 비슷해 보인다.

투자 좀 하는 보통의 개인이 가장 분통을 터트리는 대상이 바로 공매도다. 공매도가 없어지면 주가가 하늘 높은 줄 모르고 올라가기만 하고 떨어질 일은 별로 없을 것 같기 때문이다. 투자란 가격이 오를 자산을 사는 행위라는 생각에서 보면 공매도는 세상에서 가장 몹쓸 제도다.

희한하게도 공매도에 관해서 업계와 학계는 대략 같은 편이다. 업계는 공매도를 없애자든가 혹은 공매도 제도를 더욱 공평하게 만들자는 개인 투자자의 요구에 언제나 발끈한다. 학계는 공매도가 투자의 일부인지에 대한 판단을 미루어 둔다. 어쨌든 공매도는 없앨 수 없는 합법적인 거래 방법이라는 데에 그들의 의견은 일치한다.

이유는 다르다. 학계는 공매도가 시장의 가격 발견 기능에 쓸모가 있다는 근거를 댄다. 가격 발견이란 매번 거래가 있을 때마다 그만큼 시장이 진정한 가치를 찾아가고 있다는 생각을 가리킨다. 그러니까 학계가 보기에 열 번의 거래보다는 백 번의 거래가 더 좋고 1억 번의 거래라면 너무 좋아서 까무러칠 정도다.

업계의 이유는 단순하다. 공매도가 그들에게 좋은 돈벌이가 되기 때문이다. 업계의 일부는 공매도를 투자의 일부로 보아 '공매도 투자'라는 괴상한 용어를 쓰기도 한다. 가격이 내려가면 돈을 버는 공매도는 거래는 될지 몰라도 투자가 되기에는 모자람이 넘친다.

모든 사람이 일치된 생각을 하고 있지는 않지만, 상식에 따라 투자를 '더 많은 돈을 가지려고 가격이 오를 자산을 사는 행위'로 정의해도 틀린 말은 아닐 것이다. 더 중요한 건 투자의 결과는 확정되어 있지 않다는 점이다.

은행 예금에 돈을 넣는 것은
투자가 아니다

　은행 예금을 모르는 사람은 없다. 투자를 해 본 적이 없는 사람도 예금은 해 봤다. 직장을 다니면 월급을 받기 위해서라도 은행에 가서 예금 통장을 만들어야 한다. 아직 성인이 되지 못한 어린이나 청소년도 세뱃돈이나 모은 용돈을 관리하려고 예금을 든다.

　예금은 은행에 맡겨 놓은 돈을 말한다. 예금을 모르는 사람이 없는 만큼 은행을 모르는 사람도 없다. 국민, 신한, 우리 등의 은행 이름은 이들의 광고 모델인 김연아, 뉴진스, 아이유만큼 낯익다.

　은행이 헷갈리는 부분은 은행이란 말이 들어간 것이 많다는 데 있다. 대표적으로 상업은행, 투자은행, 시중은행, 저축은행 등이 쉬이 생각난다. 상업은행은 우리가 보통 은행 하면 떠올리는 대상의 영어 단어를 번역한 말이다. 투자은행은 한마디로 말해 은행이 아니다. 시중은행은 상업은행 중 법으로 정한 기준을 만족하는 큰 은행을 가리키며 한국에 모두 일곱 개가 있다. 저축은행은 하는 일이 상업은행과 비슷하지만, 규모가 약소한 금융 회사로서 법규상 은행에 속하지 않는다.

그런데 은행의 본질을 제대로 아는 사람은 생각보다 드물다. 예금이 은행이 하는 일 중 하나인 건 맞지만 그게 핵심은 아니다. 핵심은 돈을 빌려주는 데 있다. 다시 말해 은행은 다른 회사나 개인에게 돈을 빌려주고 이자를 받아 돈을 버는 회사다. 그리고 그 과정에서 돈을 만든다. 은행이 빌려주는 돈의 대부분은 무에서 창조된다. 은행이 가지고 있는 돈을 빌려주는 게 아니라는 뜻이다. 말하자면 은행의 대출은 일종의 연금술이다.

예금은 크게 두 종류가 있다. 하나는 아무 때나 찾을 수 있는 저축 예금이고 다른 하나는 미리 정한 기간이 지나야 찾을 수 있는 정기 예금이다. 저축 예금과 정기 예금은 목적이 다르다.

저축 예금은 돈을 보관하는 용도다. 큰돈을 막상 직접 갖고 있으려면 골치 아픈 일이 많다. 당장 집에 돈이 많다고 소문이 나면 도둑이 들지 말란 법이 없다. 돈을 맡아 보관해 주는 서비스를 은행이 저축 예금으로써 제공한다고 이해해도 큰 무리는 없다.

반면 정기 예금은 돈을 불리는 용도다. 얼마나 불어날지를 이자율로 미리 정해 놓는다. 가령 연 3%로 1년짜리 정기 예금을 들면 원금

100만원은 1년 후 103만원이 된다. 알고 보면 저축 예금도 이자가 붙기는 하지만 연 0.1% 정도로 미미하기에 없다고 봐도 무방하다. 즉 100만원을 저축예금에 맡기면 1년 뒤 생기는 이자는 1000원이 전부다.

기술적으로 보면 예금을 드는 건 은행에 돈을 빌려주는 일이다. 돈을 누군가에게 빌려주는 건 1장에서 이야기한 투자의 상식적 정의와 딱 들어맞지는 않는다. '더 많은 돈을 가지려고'라는 부분은 이자가 있으니 합격이지만 '가격이 오를 자산을 사는 행위'는 아무래도 불합격이다.

단, 결과가 확정되어 있지 않다는 면으로는 투자와 유사성이 있다. 정기 예금의 만기까지 돈을 찾지 않으면 늘어날 돈은 정해져 있다. 하지만 만기 전에 은행이 부실해져서 부도가 나면 원금도 다 돌려받지 못할 수 있다. 그런 면에서 예금은 결과가 100% 확실하지는 않다.

실제로 은행의 부도는 그렇게 드문 일이 아니다. 일례로 미국에서 16번째로 큰 은행이었던 실리콘밸리은행은 2023년 3월 10일 파산했다. 실리콘밸리은행은 이름 그대로 실리콘밸리의 스타트업과 거래가 많던 은행이었다. 또 가상 화폐라고 참칭 되는 암호 숫자에 주력하던 실버게이트은행과 시그니처은행은 각각 실리콘밸리은행 파산일의 이틀 전과 이틀 후에, 법정관리에 들어갔다.

한국도 다르지 않다. 1998년 금융 위기 때 대동, 동화, 동남, 경기, 충청은행이 사라졌다. 은행 이름에서 짐작할 수 있듯이 경기은행과 충청은행은 시중은행이 아닌 지방은행이었다. 그렇지만 대동, 동화,

동남은행은 지방에 연고는 있을지언정 여하튼 시중은행이었다. 규모가 작은 저축은행의 부도는 일일이 나열하기도 힘들다. 가령 2011년 부산, 제일, 토마토 등 모두 16개 저축은행이 부실로 문을 닫았다.

그렇지만 예금을 이야기할 때 빼놓을 수 없는 게 있다. 바로 예금자 보호 제도다. 은행이 파산하더라도 은행마다 개인별 원금과 이자를 합쳐 1억원[1]까지는 국가가 나서서 보장한다. 저축은행의 예금도 마찬가지다. 1억원 초과면 넘는 돈은 고스란히 잃을 수 있다. 2011년 저축은행 부도 때 사람들은 실제로 돈을 날렸다. 만약 1억8000만원이 있는데 마음의 평안을 원하면 은행 두 곳에 각각 9000만원씩 맡기면 된다.

아무튼 그래서 은행 예금은 투자일까? 이에 대한 답을 내놓기 전에 투자하는 방법을 잠시 따져 보겠다. 투자하는 방법은 크게 세 가지로 나누어 볼 수 있다.

첫째는 직접 투자,
둘째는 간접 투자,
셋째는 자문 투자다.

이 중 직접 투자가 제일 깨끗하다. 직접 투자란 나 혼자 힘으로 무

---

1. 2024년 12월 초 기준으로는 아직 5000만원이다. 다만 1억원으로 한도를 올리는 법안 통과가 예정되어 있다.

엇을 살지를 알아보고 내 판단으로 투자하는 걸 말한다. 직접 투자에
선 잘되어도 내 탓이고 못되어도 내 탓이다. 누구 핑계를 댈 게 없다.

　반면 남에게 돈을 맡겨 남이 투자를 하게 하는 간접 투자는 일단 속
은 편할지 몰라도 결과는 더 안개 속이다. 돈을 맡긴 뒤에는 그 돈으
로 무얼 사고파는지 영향을 줄 방법이 없기 때문이다. 간접 투자에서
투자자의 결정은 어느 업자에게 돈을 맡길까에 그친다. 자산운용사의
펀드, 증권사의 투자일임계약 혹은 랩어카운트, 투자일임사, 헤지펀드
같은 게 여기에 속한다.

　간접 투자는 근본적으로 이른바 주인-대리인 문제를 피하기 어렵
다. 일단 돈을 받고 나면 대리인인 금융업자가 돈의 주인인 투자자의
입장보다 자기 이익을 더 챙기기 마련이라서다. 대형 금융 사고는 대
개 간접 투자의 몫이다. 1920년대에 아랫돌 빼서 윗돌 괴는 식의 돌
려막기 수법을 창안한 찰스 폰지Charles Ponzi나 21세기 초에 나스닥
의 이사장으로서 78조원의 폰지 사기를 친 버나드 메이도프Bernard
Madoff가 대표적인 예다. 금융 역사에 이름을 남길 정도는 아니어도
손님의 계좌 비밀번호를 받아 깡통으로 만든 증권사 직원의 이야기는
수두룩하다.

　그리고 직접 투자와 간접 투자 사이에 자문 투자가 있다. 자문 투자
란 남의 조언을 듣거나 도움을 받아 내가 투자 결정을 내리는 걸 말한
다. 자문 투자는 자문해 준 업자의 전망이 빗나가더라도 업자에게 책
임을 물을 수 없다는 게 중요하다. 어쨌든 투자의 최종적인 책임은 투
자 결정을 내린 투자자가 진다.

단, 자문 투자든 간접 투자든 허용되지 않는 게 있다. 바로 투자의 결과를 확정 지으려는 시도다. 1장에서 이야기했듯이 결과가 확정되어 있다면 그건 투자가 아니다. 투자자 입장에선 누군가 그런 걸 해줄 수 있다고 하면 귀가 솔깃하다. 불확실한 걸 꺼리는 사람의 유전적 본성에 호소하기 때문이다.

투자 결과의 확정이 허용되지 않는다는 건 단순한 상징적인 선언이 아니다. 법규로 강제하는 바다. 한국의 자본시장법은 금융투자 상품의 이익 보장과 손실 보전을 엄격히 금지하고 있다. 보다 구체적으로 자본시장법 제55조에 의하면 금융투자업자나 그 임직원은 일정한 이익의 보장과 손실의 전부 혹은 일부의 보전은 사전에 약속해서도 안 되고 사후에 제공해서도 안 된다.

쉬운 말로 바꿔 보면 금융업자가 하는 '300% 수익률 보장'이나 '손실 발생 시 무조건 전액 보상' 등은 모두 자본시장법 위반이다. 이를 위반한 금융투자업자와 임직원은 적발되면 3년 이하의 징역 또는 1억 원의 벌금에 처해진다. 이런 말을 하는 금융회사 직원을 혹시 보면 증거물을 잘 모아서 경찰이나 금융감독원에 신고할 일이다.

금융투자업자가 아닌 자라면 문제가 훨씬 골치 아프다. 일명 주식 리딩방 같은 곳은 겉으로 보면 금융회사 같지만 실제로는 아니다. 이게 말장난처럼 느껴질 수 있지만 금융업법은 국가로부터 인가를 받은 금융회사에만 적용될 뿐이다. 그들이 하는 일이 투자와 다르지 않다고 해서 그들이 자동으로 금융업자가 되는 건 아니라는 이야기다. 금융업자가 아닌 자와 금융 거래를 하면 법의 보호를 받기가 어렵다.

이제 은행 예금이 투자에 해당하는지 확인할 차례다. 결론적으로 예금은 돈을 관리하는 수단일 뿐, 투자는 아니다. 이러한 결론은 업계와 학계 모두가 동의하는 바다. 즉 투자 영역에서 예금은 천덕꾸러기 신세다.

앞의 1장에서 봤듯이 금융업계와 학계는 언제나 한목소리를 내는 금실 좋은 사이는 아니다. 가끔 말이 같더라도 마음속 꿍꿍이는 다른 때가 많다. 예금에 관한 업계와 학계의 입장이 그렇다. 학계는 예금자 보호 제도 범위 내의 예금은 변동 가능성이 없다는 데에 무게를 둔다. 결과가 확정되어 있으니, 투자가 될 수 없다는 거다. 은행을 제외한 금융업계의 이유는 단순하다. 예금 대신 투자 상품이 거래되어야 자신들이 돈을 벌 수 있기 때문이다.

다시 한번 강조하지만 지루하고 시시한 은행 예금은 투자가 아니다.

주식은 도박이 아닌
투자

그걸 부인하지는 않겠다. 일부기는 하지만 주식을 도박으로 바라보는 시각이 있다는 사실 말이다. 주식뿐만 아니라 다른 금융 거래에도 비슷한 의혹의 시선이 있다. 특히 말도 많고 탈도 많은 파생 거래가 대표적이다.

그러한 의문에 대답하려면 두 가지를 알 필요가 있다. 하나는 주식이요, 다른 하나는 도박이다. 물론 이 책을 읽고 있을 사람이라면 주식과 도박이 무엇인지 아예 모를 리는 없다. 그러나 제대로 알지 못하면 어설픈 대답에 그칠 뿐이다.

먼저 주식을 알아보겠다. 주식은 회사의 주인임을 증명하는 증권이라는 식의 설명이 흔하다. 너그럽게 들어 넘길 수는 있지만 허점이 군데군데 있다. 이번 기회에 비어 있는 구멍을 단단히 메꾸면 좋겠다.

세계 최초의 주식회사는 1602년에 세워진 네덜란드 동인도회사다. 이름 앞에 네덜란드가 붙는 이유는 동인도회사를 세운 유럽 국가가 한둘이 아니기 때문이다. 네덜란드 외에도 영국, 덴마크, 포르투갈, 프랑스, 스웨덴, 오스트리아가 동인도회사를 세웠다. 18세기에 생긴 스웨덴과 오스트리아 동인도회사를 빼면 나머지는 모두 17세기에 설립된 회사다.

동인도회사를 인도 동부를 상대하는 회사로 생각하기 쉽다. 찾아보면 서인도회사도 있었기에 더욱 그렇다. '인도가 큰 나라니 회사 하나가 맡기엔 역부족이었나 보다' 하는 짐작은 안타깝지만 빗나갔다. 동인도회사는 인도 동부를 뜻하는 게 아니라 "동쪽으로 항해해 도달하는 인도"를 맡는 회사였다. 목적은 약탈을 겸한 무역과 식민지 획득이었다.

눈치가 빠른 사람이라면 위의 국가 목록에서 한 나라가 빠져 있음을 깨달았을 터다. 바로 에스파냐다. 당대 유럽 최강의 해군을 가졌고 크리스토퍼 콜럼버스Christopher Columbus의 항해를 후원한 에스파냐는 동인도가 필요 없었다. 아메리카를 휘어잡고 있기 때문이었다. 네덜란드와 영국 같은 나라가 동인도회사를 세운 것도 에스파냐가 꽉 잡고 있는 아메리카, 특히 중미와 남미에서 비빌 언덕이 없어서였다.

즉 서인도회사의 서인도는 인도 서부가 아니고 카리브해의 섬들이었다. 시간이 지나고 유럽인들도 거기가 인도가 아닌 걸 알게 됐지만 한번 입에 붙은 서인도라는 말은 쉽게 사라지지 않았다. 그래서 오늘날에도 그곳의 이름은 서인도 제도다.

주식을 이야기한다고 해 놓고 왜 뜬금없이 서인도 타령인가 했을 듯싶다. 이유가 있다. 주식이란 말이 서인도와 같은 사정이기 때문이다. 그래서 입에 붙은 주식 대신 일단 영어 용어를 써서 설명하겠다.

네이버 영어사전에서 한글로 '주식'을 입력하면 스톡stock과 쉐어 share 두 단어가 나온다. 네이버 영어사전에서는 빠졌지만, 에퀴티 equity라는 말도 주식을 가리키는 말로 쓴다. 이 세 단어는 서로 관계가 있지만 전적으로 똑같은 말은 아니다. 그 관계를 네덜란드 동인도회사의 설립 관점에서 풀어 보겠다.

네덜란드 동인도회사가 하려던 건 쉬운 일이 아니었다. 사람도 돈도 많이 필요했다. 네덜란드에서 어깨에 힘 좀 준다는 사람들도 혼자 감당하기에는 부담이 컸다. 게다가 결과가 어떨지도 확실하지 않았다. 배가 중간에 난파할지도 모르고 인도인의 공격을 받을지도 모르고 또 경쟁자인 영국 해적에게 전투에서 져 나포될지도 몰랐다.

네덜란드인들은 각자 자기가 낼 수 있는 돈을 내놓았다. 그 돈 전체는 네덜란드 동인도회사의 스톡이 되었다. 스톡은 본래의 뜻이 '쌓여 있는 물품 혹은 비축물'이다. 이는 원래 예정됐던 21년간의 회사 존속 기간 동안 지출할 비용을 감당할 목적이었다. 즉 스톡은 출자자가 내서 회사가 가지고 있는 돈 전체를 가리킨다. 회사가 항해에 돈을 쓰면 스톡은 그만큼 줄어든다. 반대로 후추를 팔아 돈이 생기면 스톡은 늘어난다.

쉐어는 스톡에 대한 각자의 지분을 가리키는 말이다. 가령 스톡에 모인 돈이 1억원이고 낼 수 있는 돈의 최소 단위가 100만원인데, 내가 500만원을 냈다면 나는 5단위의 쉐어 혹은 쉐어 5개를 가진 셈이다. 다시 말해 스톡이 회사 전체의 자본을 의미한다면 쉐어는 각 사람의 몫을 가리킨다.

에퀴티는 앞의 단계에서는 성립하지 않는 개념이다. 에퀴티가 성립하려면 회사가 빚을 져야 한다. 회사에 빚이 생기면 더 이상 회사가 가진 자산은 출자자만의 것이 아니다. 출자자는 회사가 청산될 때 빚을 다 갚고 남는 거만 챙길 수 있다. 에퀴티의 본래 뜻은 공정 혹은 정의다. 빚을 먼저 갚고 남는 걸 가지는 게 공정하다는 의미에서 에퀴티라는 단어가 사용된 거다. 즉 에퀴티는 회사의 자산에서 빚을 빼고 남은 자산을 가리킨다.

네덜란드 동인도회사의 출자자는 무엇을 기대하고 돈을 내놓았을까? 일차적으로는 배당이었다. 네덜란드 동인도회사는 발생한 이익의 절반 이상을 배당으로 쉐어를 가진 사람들에게 줬다. 이러한 배당이 있었기에 네덜란드 동인도회사의 쉐어는 네덜란드 정부에 돈을 빌려주고 매년 확정된 이자를 받을 수 있는 네덜란드 국채와 경쟁이 됐다. 이차적으로는 회사가 청산될 때 자신의 쉐어만큼 에퀴티의 일부를 받을 수 있다는 믿음이었다.

달리 말해 네덜란드 동인도회사의 출자자는 스스로를 회사의 주인이라고 생각하지 않았다. 주인이 여럿이라는 건 곧 누구도 완전한 주인이 아니라는 것과 같다. 네덜란드 국채를 샀다고 해서 네덜란드 정부의 주인이 될 리는 없었다. 그들에게 쉐어는 불확실하지만 대신 좀 더 흥미로운 돈놀이일 뿐이었다.

'어, 이게 아닌데?' 하는 생각을 한 사람이 있을 것 같다. 쉐어를 쌀 때 사서 비싸게 팔아 돈을 불리는 게 핵심인데 그게 안 나와서다. 그것도 있기는 있었다. 네덜란드 동인도회사가 세워진 지 9년 후인 1611년, 암스테르담 거래소가 세워졌다. 암스테르담 거래소의 주된 거래 품목은 원자재였지만 한 구석에서 네덜란드 동인도회사의 쉐어 도 거래되었다. 이러한 연유로 암스테르담 거래소는 세계 최초의 증권 거래소라는 칭호도 갖게 되었다.

사실 알고 보면 영국 동인도회사가 세워진 해는 1600년으로 네덜 란드 동인도회사보다 먼저다. 그럼에도 세계 최초의 주식회사는 네덜 란드 동인도회사다. 왜냐하면 영국 동인도회사는 합자회사로 세워졌 기 때문이다. 합자회사란 회사의 손실에 무한책임을 지면서 경영하는 사람과 처음 내놓은 돈 외에는 책임이 없고 경영과 무관한 사람이 함 께 출자한 돈으로 세운 회사다. 반면 주식회사의 주주는 회사의 경영 참여 여부에 무관하게 유한한 책임만 진다.

그러면 왜 주식이 서인도와 같은 사정일까? 일본은 먼저 스톡을 주 株로 옮겼다. '그루, 근본, 뿌리' 등의 뜻을 갖는 주는 스톡의 나쁘지 않은 번역이었다. 그런데 회사의 종류는 여러 가지였다. 방금 나온 합 자회사도 있고 또 회사의 모든 설립자가 공동으로 무한 책임을 지는 합명회사도 있었다. 그래서 이들과 구분하려고 '주의 방식으로 만들 어진 회사'라는 뜻으로 주식회사라는 말을 만들었다. 원뜻이 법이나 제도인 식式은 여기서는 서양식이라는 말이 '서양 방식의'를 뜻하는 것과 같은 용법으로 사용된 거였다.

그러니까 주를 가진 사람이 주주고, 주를 증명하는 종이가 주증 혹은 주권인 건 자연스럽지만, 주식을 거래한다는 건 부자연스러운 말이다. 실제로 일본어에서 사고파는 대상은 주일 뿐 주식이 아니다.

이제 도박을 알아볼 차례다. 《고려대 한국어대사전》에 의하면 도박은 '돈이나 값나가는 물건을 걸고 내기를 하는 일'이다. 또한 내기는 '물품이나 돈 따위를 일정한 조건으로 걸고 승부를 겨룸'이다. 이것만 놓고 보면 마음이 아주 편해지지는 않는다. 네덜란드 동인도회사의 출자자가 한 일이 100% 내기는 아니지만 또 내기의 성격이 전혀 없다고 이야기하기도 께름하기 때문이다.

여기엔 명백한 대답이 있다. 법률 조문을 따져 보면 된다. 일단 도박은 형법에 의해 규율된다. 형법 23장의 제목이 '도박과 복표에 관한 죄'다. 복표는 로또 같은 복권을 말한다. 도박을 하거나 도박장을 개설하거나 혹은 법령에 의하지 아니한 복표를 발매, 중개, 취득하면 형법으로 처벌된다. 쉽게 말해 정부가 운영하는 로또 등 외의 복표는 모두 불법이다.

한국에서 도박이기는 하지만 불법이 아닌 걸로 법률에 명시된 것에는 모두 일곱 가지가 있다. 로또, 경마, 경륜, 경정, 강원랜드, 스포츠토토 등의 체육복표, 그리고 믿기 어렵겠지만 소싸움이다. 소싸움은 도박 등의 목적으로 동물에게 상해를 입히는 행위를 금지하는 동물보호법에도 불구하고 예전부터 돈내기해 온 전통이 있다는 이유로 예외

조항이 있다. 그러니까 소싸움은 합법이지만 개싸움이나 닭싸움은 불법이다.

나아가 주의 거래는 자본시장법에 명확히 규정되어 있다. 관련 법이 있다는 건 곧 그게 전적으로 허용되지 않는 도박은 아니라는 증거가 된다. 그러므로 주권을 사는 건 도박이 아닌 투자다.

수익과 리스크를 함께 따지니까
과학적 투자

솔직히 말하면, 네덜란드 동인도회사가 생긴 17세기 초 이래로 20세기 초반까지 투자는 그렇게 과학적이지 않았다. 그건 외려 무식한 투기에 가까웠다. 왜냐하면 그때까지 투자는 오직 한 가지만 신경 썼기 때문이었다. 바로 수익이었다.

투자로 수익을 크게 내려면 두 가지 조건이 필요하다. 첫째로 자산을 살 때 최대한 싸게 사는 거다. 둘째로 그렇게 샀던 자산을 최대한 비싸게 파는 거다. 두 조건이 다 만족하면 물론 최고다. 두 조건이 동시에 만족하지 않아도 하나라도 충족되면 최소한 크게 잃지는 않는다.

투자가 아직 충분히 과학적이지 않던 시기를 대표하는 사람으로 제이콥 리틀Jacob Little을 들 수 있다. 리틀은 19세기의 미국의 주식 시장을 좌지우지했던 인물이었다.

1794년에 태어난 리틀은 23살 때 월가에서 일을 시작했다. 착실히 돈과 실력을 축적한 리틀은 1835년 대박을 터트렸다. 주당 10달러에 산 모리스 운하의 주가가 한 달 만에 185달러에 뛰어오른 덕이었다. 1829년부터 사용된 모리스 운하는 펜실베이니아와 뉴저지를 연결하는 172킬로미터 길이의 운하였다.

1825년 운하 공사의 첫 삽을 떴을 때 모리스 운하회사는 뉴저지주 정부로부터 99년간 운하를 경영할 수 있는 인가를 받았다. 99년이 지나면 주 정부가 운하를 갖는 조건이었다. 회사가 출자자를 1825년 최초 공개 모집했을 때 주가는 주당 100달러였다. 그러니까 주가가 공모가의 10분의 1로 줄어들었을 때 사서 18배 이상으로 올랐을 때 판 거였다. 앞에서 이야기한 수익을 크게 낼 투자의 두 조건이 모두 만족함은 물론이었다.

그게 전부가 아니었다. 같은 해 9월 리틀은 뉴욕할렘철도로 다시 홈런을 날렸다. 1831년에 세워진 뉴욕할렘철도회사는 뉴욕시와 할렘을 연결하는 철도를 건설 중이었다. 리틀이 뉴욕할렘철도를 사기 시작했을 때의 주가는 낮았고 리틀이 산 후에는 폭등했다. 이후 리틀은 미국 전체에서 가장 돈이 많은 사람 중 한 명으로 칭송되었다.

리틀은 어떻게 값이 뛸 주를 찾아냈을까? 미래를 예측한 건 아니었다. 리틀은 자신이 원하는 쪽으로 미래를 만드는 사람이었다. 가령 그는 시장에서 거래되던 뉴욕할렘철도의 주를 거의 전부 사들였다. 이러한 리틀의 거래는 자체로 뉴욕할렘철도의 주가를 밀어 올렸다. 그러나 그거 하나만 보고 리틀이 뉴욕할렘철도를 사 모은 건 아니었다. 그는 더욱 큰 그림을 그렸다.

뉴욕할렘철도는 모두 7000주 정도가 발행되었다. 반면 뉴욕할렘철도를 공매도한 시장 전체의 수량은 6만주가 넘었다. 공매도할 때는 돈이 들지 않지만, 주가가 오르면 평가상 손실이 나면서 증거금을 내야 했다. 가진 돈이 충분하지 않으면 돈을 빌려야 했고, 이는 추가적인 이자 비용을 의미했다. 그러다 파산 직전에 몰리면 뉴욕할렘철도를 어떻게든 사서 자신의 공매도 포지션을 없애야 했다. 그게 다시 뉴욕할렘철도의 주가를 풍선처럼 부풀렸다. 이는 남아 있는 공매도자의 더 큰 평가상의 손실을 의미했다. 이 모든 과정은 발산을 계속하는 정되먹임이었다.

리틀의 투자 기법을 정리하면 다음과 같다. 투자자는 먼저 시장을 싹쓸이해서 거래 대상의 씨를 말린다. 이를 금융 용어로 스퀴즈라고 부른다. 스퀴즈가 일어나면 공매도한 사람은 손실에서 빠져나갈 방법이 묘연해진다. 말도 안 되게 높은 가격에 현물을 사는 거 외에는 다른 방법이 없다. 그렇게 먼저 수건을 던진 공매도자의 탈출은 아직 백기를 올리지 않은 공매도자를 구석으로 몰아넣고 두들겨 패는 주먹이 된다. 이를 가리키는 금융 용어는 코너링이다.

사재기라고도 불리는 매점과 코너링은 서로 관계가 있을까? 왠지 사재기는 일반인이, 매점은 유통업자가, 코너링은 금융업자가 하는 것 같은 느낌이 있다. 그러나 매점과 코너링을 명확하게 구분하는 건 쉽지 않다. 코너링은 금융에서만 성립하는 개념은 아니다. 실물 시장에 서도 코너링은 가능하다. 실물 시장에서 코너링을 잘못하다가는 사회 에서 매장된다. 금융 시장에서 코너링에 성공하면 돈 많은 사람으로 떠받들어진다.

리틀의 말년은 그다지 좋지 않았다. 1857년 미국에서 가장 오래된 곡물 회사인 울프가 파산했다. 1853년 크림 전쟁 개전으로 시작된 곡 물 특수가 1856년 종전과 함께 사라진 탓이었다. 울프의 파산은 곧바 로 울프에 대출이 많았던 오하이오생명보험신탁의 파산으로 이어졌다.

이는 다시 곡물을 나르는 철도의 미래에 대한 불신으로 번졌다. 두 개의 철도 회사가 파산하고 네 개의 철도 회사가 구조 조정에 들어간 와중에 리틀은 전 재산을 잃었다. 과거 몇 차례 화려하게 재기했던 리 틀은 이때의 손실에서 결국 회복하지 못했다.

말하자면 20세기 초반까지 주식 시장은 강자가 약자를 집어삼키는 무자비한 정글이었다. 무엇보다도 리틀의 투자법은 이론적 뒷받침이 없다는 약점이 있었다. 리틀의 투자는 주가의 폭등에 의지했지만, 그 주가가 원래 어떻게 결정되는지에 대해서는 입을 다물고 있었다.

20세기 전반기에 투자를 과학의 기반 위에 올려놓으려는 시도가 시작되었다. 결정적인 계기는 1929년의 월가 대폭락과 그 뒤를 이 은 대공황이었다. 예일대학의 1호 경제학 박사였던 예일대의 어빙 피 셔Irving Fisher는 하필이면 대폭락 직전에 "주가는 영원한 고원지대 에 도달했다"고 선언해 모든 사람의 조롱거리가 되었다. 누구보다 대 폭락이 뼈에 사무쳤던 피셔는 이를 갈며 새로운 방법을 생각해 냈다.

1930년에 출간된 피셔의 책에는 미래의 현금 흐름을 할인해 주가를 얻을 수 있다는 생각이 나왔다. 피셔는 이 생각을 더 파고들지는 않았다.

1938년 피셔의 생각을 구체화한 이론이 나타났다. 하버드대학에서 경제학 박사 과정을 밟던 존 버 윌리엄스John Burr Williams가 학위를 받기도 전에 출간한 《투자가치론》에 나오는 내용이었다. 같은 학교 학부에서 수학과 화학을 배우고 하버드경영대학원도 거친 윌리엄스는 월가에서 일하다 대폭락을 겪었다. 피셔와 마찬가지로 그 경험이 쓰라렸던 윌리엄스는 주가가 어떻게 결정되는지를 밝힐 목적으로 1932년 박사 과정에 입학했다.

오늘날 '현금 흐름 할인법'이라고 부르는, 특히 그중에서도 배당에 기반한 적정 가치 계산법은 윌리엄스의 《투자가치론》이 시초다. 현금 흐름 할인법이란 미래의 현금 흐름을 적당한 이자율로 할인해서 현재의 돈 가치로 바꾸는 방법을 말한다. 윌리엄스에게 해당 주제를 연구할 것을 제안한 사람은 창조적 파괴라는 개념을 처음으로 말한 조지프 슘페터Joseph Schumpeter였다.

윌리엄스의 현금 흐름 할인법은 괜찮은 방법이었지만 투자의 저변을 넓히는 데에는 도움이 되지 않았다. 사람들은 국채 가격 계산과 원리가 다르지 않은 윌리엄스의 방법을 어려워했다. 주식 시장은 여전히 소수의 전문가만 뛰노는 그들만의 놀이터였다.

그랬던 투자의 세계에 1952년 혁명이 일어났다. 당시 시카고대학에서 경제학 박사 과정을 밟던 해리 마코위츠Harry Markowitz 덕분이었다. 마코위츠는 오직 수익만 문제 삼던 투자에 새로운 차원을 부여했다. 바로 리스크라는 차원이었다.

투자에서 리스크는 빼놓을 수 없는 고려 사항이다. 사실 네덜란드 동인도회사가 세워진 결정적인 이유도 리스크를 관리하려는 의도 때문이었다. 향신료를 실은 배가 언제 돌아오느냐에 따라 판매 가격이 널뛰었다. 네덜란드 동인도회사는 네덜란드 정부로부터 향신료 수입 독점권을 얻어 향신료 가격 변동의 리스크를 줄이려 했다. 드비어스가 전 세계 다이아몬드 광산을 독점해 공급을 통제함으로써 다이아몬드 가격을 일정하게 유지하는 것과 같은 원리였다.

가치 투자의 창시자인 벤저민 그레이엄Benjamin Graham과 데이비드 도드David Dodd도 리스크에 신경을 썼다. 가치 투자란 주가가 회사의 가치보다 낮은 걸 사는 투자 기법이다. 그레이엄과 도드가 1934년에 낸 책《증권 분석》에 나오는 일명 '안전 마진'도 손실을 볼 리스크를 줄여 보려는 시도였다. 안전 마진이란 적정 주가와 현재 주가의 차이를 말한다. 안전 마진이 충분히 클 때만 투자하라는 게 그레이엄과 도드의 주장이었다.

수익만 보던 이전과 달리 이제 리스크라는 변수도 같이 따지면서 투자는 과학으로 발돋움했다. 물리, 화학, 의학, 문예, 평화라는 다섯 분야의 진짜 노벨상은 아니지만 1971년 경제학 분야로 어쨌든 노벨의 이름이 들어간 노벨 기념상이 생긴 것도 투자가 과학이 되었다는 증거다. 마코위츠는 1990년 노벨 기념상 수상자다.

이길 확률이 높아야
좋은 투자

1장부터 4장까지는 투자의 원리 중에서도 가장 기초적인 초급에 해당하는 내용이다. 왜 기초에 해당하는지 그 이유는 명쾌하다. 바로 확률을 다루지 않았기 때문이다. 투자의 세계에서 확률은 절대 빠질 수 없는 요소다.

확률이라는 단어에 자기도 모르게 눈살을 찌푸리는 사람이 있을 것 같다. 고등학교 수학 시간에 느꼈던 괴로움이 생각났기 때문일 터다. 투자하는 데 필요한 확률은 그렇게 난이도가 높지 않다. 기본적인 수준이면 충분하다. 확률을 놓치면 절대로 제대로 된 투자를 할 수 없으니, 이참에 자기 것으로 만들기 바란다.

먼저 단순한 예로써 확률을 설명하겠다. 공정한 동전을 던졌을 때 앞면이 나올 확률은 얼마일까? 그 값은 거의 모두가 알고 있는 것처럼 50%다. 이유는 간단하다. 동전을 던지면 앞면 아니면 뒷면이 나온다. 옆면의 가능성도 있기는 하지만 실제로는 아주 작으므로 여기서는 무시한다.

그런데 앞면이 뒷면보다 더 많이 나올 이유가 없고 반대로 뒷면이 앞면보다 더 많이 나올 이유도 없다. 동전이 공정하다면 반드시 그래야 한다. 만약 그렇지 않다면 그건 동전이 공정하지 않다는 의미다. 즉 앞면과 뒷면의 가능성은 전적으로 같다. 따라서 그 확률은 각각 50%로 서로 같아야 한다.

공정한 동전이 이해됐다면 이번에는 공정한 주사위를 살필 차례다. 모두가 아는 것처럼 주사위의 여섯 면에는 1부터 6까지 자연수가 쓰여 있다. 주사위가 공정하다면 어느 숫자가 다른 숫자보다 더 많이 나올 까닭이 없다. 그러므로 각각의 확률은 6분의 1이다. 6분의 1이 되는 이유는 확률의 전체 합이 반드시 1이 되어야 한다는 확률의 공리 때문이다. 이러한 원리는 다른 대상에도 그대로 적용할 수 있다.

그러면 이제 간단한 가상의 돈내기를 따져 보겠다. 카지노의 1번 테이블은 주사위 한 개를 던져 3 이상의 수가 나오면 돈을 딴다. 2번 테이블은 동전 한 개를 던져 앞면이 나오면 돈을 딴다. 어느 테이블에서 돈내기하는 게 좋을까?

정답은 1번 테이블이다. 왜냐하면 1번 테이블에서 돈을 딸 확률은 3분의 2로 50%보다 크지만, 2번 테이블에서 돈을 딸 확률은 2분의 1

로 50%에 그치기 때문이다. 돈을 딸 확률이 높은 돈내기가 더 유리한 건 자명한 일이다. 그만큼 돈을 딸 가능성이 높아지기 때문이다.

여기서 50%라는 확률은 하나의 기준점으로 삼을 만하다. 돈을 딸 확률이 50%라는 건 아직 동전 던지기 수준에서 벗어나지 못했다는 뜻이라서다. 동전 던지기 수준이라면 진정한 투자라고 볼 수가 없다.

동전 던지기를 해서 돈을 버는 일이 아예 불가능할까? 그렇지는 않다. 동전 던지기도 돈을 벌 수는 있다. 가령 동전 던지기를 딱 한 번만 한다고 할 때 운이 좋아 처음에 앞면이 나오면 돈을 딴다. 또 만약 100명이 동전 던지기를 각각 10번씩 계속한다면 그중 약 37명[2]은 얼마가 됐든 돈을 번다.

그러면 돈을 버는 사람이 있을 수 있음에도 왜 동전 던지기는 투자가 아니라는 걸까? 왜냐하면 반반의 확률은 그저 결과를 알 수 없는 우연 혹은 무작위에 지나지 않기 때문이다. 우연하거나 무작위한 건 실력이 있을 수 없다.

우연은 필연 및 개연과 대비되는 개념이다. 연然은 '그러하다'는 뜻을 가진다. 필必은 '반드시'라는 뜻이니 필연은 '반드시 그렇다'가 되고 개蓋는 '대략'을 뜻하니 개연은 '대략 그렇다'는 뜻이다. 그럼, 우연의 우偶는 뜻이 뭘까? 자못 흥미롭게도 '짝, 배필'이다. 풀면 '배우자가 그렇다'가 된다. 원인과 결과의 특별한 관계, 즉 인과가 없이 아무

---

2. 앞면이 10번 중 5번 나올 확률은 $_{10}C_5 \times 0.5^{10}$ = 24.6%다. 5번보다 더 많이 나오거나 더 적게 나오는 것 사이에는 대칭이 있다. 따라서 5번보다 더 많이 나올 확률은 (1-0.246) / 2 = 37.7%다.

렇게나 된 걸 배우자 탓으로 돌린 셈이다.

무작위는 우연보다 더 직설적이다. 무작위는 작위에 반대되는 개념이다. 작위作爲는 '행위를 짓는다'를 뜻한다. 무작위는 행위를 지은 게 없으니 제멋대로 벌어진 걸 말한다. 무작위로 옮겨진 영어의 랜덤 random은 '충동적이고 성급한 질주'가 어원이었다. 닥치는 대로 혹은 마구잡이로 달리면서 하는 일은 모든 게 운의 소관이기 때문이다.

분명한 건 동전 던지기를 1만 시간 동안 연습한다고 해서 앞면이 더 나오지는 않는다는 점이다. 달리 말해 동전을 던지는 건 원숭이도 할 수 있다. 원숭이도 할 수 있는 걸 두고 높고 귀한 투자라고 부를 수는 없다.

동전 던지기에 해당하는 50%의 확률은 투자 세계에서 나타날 여러 현상을 이해하는 데에도 도움을 준다. 그중 하나가 바로 몬테카를로 오류다. 몬테카를로는 마이크로 국가인 모나코의 동네 이름이다. 마이크로 국가는 정상적인 국가로 보기에는 너무 영토가 작은 곳을 가리키는 말이다. 면적이 2.08제곱킬로미터인 모나코는 청담동 하나보다도 좁다.

몬테카를로는 카지노로 유명하다. 카지노의 본뜻은 '작은 집'이다. 카지노에 도박장의 의미가 생긴 건 19세기다. 몬테카를로 카지노에는 도박장 외에 몬테카를로 발레단이 상주하는 몬테카를로 오페라 극장도 있다. 몬테카를로 오페라 극장의 건축가는 파리 오페라 발레단이 상주하는 팔레 가르니에를 디자인한 샤를 가르니에Charles Garnier다. 1856년에 세워진 몬테카를로 카지노는 모나코를 지배하는 그리말

디 가문의 주된 수입원이다.

몬테카를로 오류를 상징하는 사건은 1913년 8월 18일에 벌어졌다. 넓이가 같은 37개의 칸으로 나누어진 룰렛의 원반은 각각 18개씩 검정과 빨강으로 칠해져 있다. 검정과 빨강 중 하나를 골라 돈을 거는 건 룰렛의 기본적인 돈내기다.

처음 서너 번 계속해서 검은색에 떨어졌을 때는 구경하던 사람들도 그런가 보다 했다. 번번이 그렇게 나오지는 않지만, 가끔 연달아 한 가지 색이 나올 때도 있기 때문이었다. 그런데 그게 다섯 번이 되고 여섯 번이 되자 사람들이 모여들기 시작했다.

사람들은 '비정상적으로 검정이 내리 나왔으니, 이제는 빨강이 나올 때가 됐다'고 생각하기 시작했다. 검정이 거푸 나온 만큼 다음번에 빨강이 나올 확률이 높아진다고 생각한 거였다. 다음에 다시 검정이 나오자, 빨강에 걸어 돈을 날린 사람들은 이번엔 두 배로 걸었다. 그다음에 또 검정이 나오자 더 많은 사람이 빨강에 걸었다.

결국 이날 몬테카를로 카지노의 룰렛 테이블에서 구슬이 26번 연속으로 검은색 칸에 떨어졌다. 중간에 빨강이 나올 거라고 믿고 돈을 건 수많은 사람들이 무수한 돈을 잃었다. 무작위한 룰렛의 결과에서 이전에 검정이 거듭 나왔다고 다음에 빨강의 확률이 높아지지는 않는다. 그럼에도 사람들은 반대로 믿었다. 즉 몬테카를로 오류의 다른 이름은 바로 도박꾼의 오류다.

도박꾼의 오류는 반대 방향으로도 성립할 수 있다. 검정이 주욱 나왔으니까, 다음에도 검정이 나올 거라고 믿고 돈을 거는 거다. 이러한 생각을 보여 주는 몇 가지 말이 있다. 가령 농구의 '뜨거운 손'은 한번 숏이 들어가기 시작하면 연달아 골을 넣을 거라는 생각을 가리킨다. 가격의 변동 방향을 따라 뒤쫓아 사거나 파는 투자 기법인 모멘텀 투자도 여기에 속한다.

하다 보니 자꾸 도박 이야기를 하게 되는데 투자가 도박이라는 뜻은 아니다. 다만 도박 이야기가 나올 수밖에 없는 배경이 있다. 확률이라는 개념이 만들어진 이유가 바로 도박 때문이었다. 16세기 의사로서 도박에 진심이었던 지롤라모 카르다노Girolamo Cardano는 확률의 선구자였다. 또 오늘날 우리가 사용하는 확률을 연 블레즈 파스칼Blaise Pascal과 피에르 페르마Pierre Fermat가 함께 푼 최초의 확률 문제도 중간에 멈춘 도박의 판돈을 어떻게 나눠야 올바른가 하는 거였다. 즉 확률과 도박은 떼려야 뗄 수 없는 관계다.

말이 나온 김에 로또가 투자에 속할지도 따져 보겠다. 로또에 당첨되면 엄청난 돈이 생기지만 로또는 투자가 아니다. 그 이유는 바로 로또의 당첨 확률이 낮기 때문이다. 로또의 당첨 확률은 길 가다가 벼락을 맞을 확률보다도 작다. 투자는 그런 게 아니다.

즉 투자와 투자 아닌 것을 나누는 기준은 승리 확률에 있다. 승률이 50%를 넘기면 그건 투자다. 반대로 승률이 50%에 못 미치면 그건 제대로 된 투자가 아니다. 투자한다는 건 결국 돈을 딸 확률이 50%가 넘을 기회나 체계적인 방법을 찾는 것이다. 그걸 찾아 꾸준히 마라톤처럼 투자하다 보면 돈은 저절로 불어나게 되어 있다.

손실을 두려워 말아야 더 나은
성과를 얻는다

　누구나 투자에 성공하고 싶은 마음이 있는 건 당연한 일이다. 이 책을 읽고 있는 사람이라면 더욱 그렇다. 투자의 성공은 하늘에서 저절로 뚝 떨어지지 않는다. 그런 사례도 물론 없지는 않겠지만 하늘에서 뚝 떨어지는 건 배울 방법이 없다. 그러니 배울 수 있는 방법에 집중해야 하는 건 지당한 결론이다.

　투자 방법을 배워야 한다면 누구를 보고 배워야 할까? 투자를 잘하는 사람에게 배워야 함은 당연하다. 스스로 투자에 성공해 본 적이 없는 사람이 투자를 가르친다는 건 가소로운 일이다. 기왕 배울 거라면 최고의 투자자에게 배우는 게 좋을 터다.

그중 한 명이 되기에 결코 모자람이 없는 제시 리버모어Jesse Liv-ermore는 20세기 전반기를 대표하는 투자자다. 제이콥 리틀의 고향이기도 했던 미국 매사추세츠에서 1877년에 태어난 리버모어는 투자 정보 웹사이트인 인베스토피디아investopedia가 뽑은 11명의 가장 위대한 투자자에도 이름을 올렸다.

리버모어는 단순히 과거의 인물이 아니다. 그의 투자 기법은 오늘날까지도 추종자가 많다. 리버모어의 삶을 다루었거나 혹은 그의 어록을 모은 여러 책이 아직도 널리 읽힐 정도다. 또 리버모어가 쥐락펴락했던 곳은 리틀이 주름잡던 미국 주식 시장만이 아니었다. 리버모어는 면화와 밀 같은 원자재의 파생 거래도 마다하지 않았다.

14살의 나이로 증권사 페인웨버에 들어가 허드렛일부터 익힌 리버모어는 2년 만에 주식 시장의 작동을 섭렵했다. 회사를 그만두고 전업으로 개인 투자를 하겠다는 리버모어를 리버모어의 엄마는 말렸다. 주식 거래는 제대로 된 직업이 아니고 도박에 불과하다는 이유였다. 리버모어는 자기가 하는 일은 '도박이 아니라 투기'라며 자기 뜻대로 실행에 옮겼다.

리버모어는 24살 때인 1901년 자신의 의미 있는 첫 번째 승리를 거두었다. 그 대상은 바로 리틀이 주로 투자했던 철도 주였다. 리버모어는 알맞은 시기에 북태평양철도를 사들여 자기 재산을 50배로 불렸다. 그 당시 북태평양철도의 경영권을 두고 두 세력이 다투는 바람에 주가가 2만4000원에서 120만원까지 뛴 덕분이었다.

리버모어의 투자 실력은 평범한 사람과 비교되기 어려운 수준이었다. 일례로 1차 대전 후 리버모어는 미국 면화 시장을 비밀리에 구석으로 몰아넣었다. 18개월에 걸쳐 면화 퓨처스를 잔뜩 산 후 현물 면화도 매점한 탓이었다. 퓨처스는 가격 변동의 방향을 맞히면 적은 돈으로 큰 이익을 거둘 수 있는 파생 거래의 한 종류였다.

다시 말해 리버모어는 현물 시장과 파생 시장을 엮은 고급의 코너링으로 면화 스퀴즈를 일으킨 거였다. 그 결과로 면화 가격이 심상치 않게 오를 낌새가 있자, 미국 농무부는 상황 파악에 나섰다. 이내 미국 농무부는 리버모어가 문제의 원인임을 알아냈다.

다른 해결 방안을 찾지 못한 미국 농무부는 미국 대통령 우드로 윌슨Woodrow Wilson에게 상황을 보고했다. 윌슨은 40대 초반의 리버모어를 조용히 백악관으로 불렀다. 리버모어는 미국을 망가트릴 생각은 없다고 윌슨에게 말했다. 그럼 왜 그랬냐는 윌슨의 질문에 리버모어는 "내가 할 수 있는 건지 알아보려고요, 대통령님"이라고 답했다. 리버모어는 자신이 손실을 보지 않는 선에서 사 모은 퓨처스와 현물 면화를 되팔았다.

미국 대통령까지 나서게 할 리버모어의 투자 실력은 주머니 속의 송곳이 그러하듯 눈에 띄지 않기 어려운 것이었다. 가령 리버모어는 1924년부터 1925년까지 밀과 옥수수의 퓨처스를 대량으로 팔아 또 다른 큰 승리를 거두었다. 그때 리버모어가 번 돈은 최고급 승용차인 롤스로이스 팬텀을 당시에 1100대 넘게 살 수 있는 돈이었다. 현재 팬텀 기본형의 가격이 약 7억원인 걸 생각하면 지금 돈으로 8천억원 가깝게 땄다는 이야기였다.

그렇지만 리버모어의 위대함은 무엇보다도 1929년에 빛났다. 거의 모든 투자자가 망한 그해 10월 말의 월가 대폭락 때 리버모어는 다치지 않았다. 다치지 않은 건 고사하고 오히려 공매도로 엄청난 돈을 불렸다. 리버모어의 공매도는 대폭락이 시작된 후에 이루어진 게 아니었다. 모두가 주가의 끝없는 상승을 노래 부르던 1929년 초부터 계속 공매도 포지션을 쌓은 결과였다.

그건 말이 쉽지 직접 하기란 정말이지 쉽지 않은 일이었다. 100명 중 99명이 "예"를 말할 때 혼자서 "아니오"라고 말하는 것과 다르지 않았다. 보통의 용기를 가지고는 할 수 없는 일이었다.

게다가 리버모어의 공매도는 하는 것보다 버티는 게 더 힘들었다. 공매도한 뒤 한동안 주가가 계속 올라갔기 때문이었다. 공매도의 손실은 팬텀 약 700대에 해당하는 돈에 이르렀다. 여기서 조금만 더 잃게 되면 전 재산을 날리고 파산할 수도 있었다. 리버모어는 움츠러들지 않고 버텼다.

결국 리버모어가 옳았다. 대폭락이 시작되면서 리버모어의 공매도는 돈을 찍어 내는 기계가 되었다. 리버모어가 이때 긁어모은 돈은 팬텀 약 1만1000대에 해당했다. 오늘날로 치면 8조원 가까운 돈이었다.

이런 리버모어가 투자에 실패한 적이 있었을까? 달리 말해 리버모어의 예상이 빗나가면서 큰돈을 잃은 적이 있었을까? 앞의 5장에서 이길 확률이 높아야 좋은 투자라고 말했다. 그러니 이토록 대단한 리버모어라면 이길 확률이 100%라고 해도 그렇게 놀랍지는 않을 것 같다.

사실 리버모어가 언제나 이기기만 한 건 아니었다. 가령 1908년 리버모어는 면화에 제대로 한 번 데었다. 원래 면화 퓨처스를 팔아 놓았는데 '면화 왕'이라는 별명을 가진 두 명이 나타났다. 한 명은 퍼시 토마스Percy Thomas고 다른 한 명은 시어도어 프라이스Theodore Price였다. 둘 다 면화 가격이 오를 거라고 리버모어를 설득했다.

설득에 넘어간 리버모어는 면화 퓨처스를 샀다. 와중에 토마스가 말과 행동이 일치하는 확신범이었다면 프라이스는 사기범이었다. 즉 토마스는 리버모어처럼 면화 퓨처스를 산 반면 프라이스는 면화 퓨처스를 몰래 팔았다. 면화 가격은 속절없이 내려갔다. 결국 리버모어는 이때 한 번 파산했다. 그리고 1915년에 한 번 더 파산했다. 즉 리버모어 수준의 투자자도 언제나 이기지는 못한다. 리버모어의 승률은 당연히 50%가 넘지만 그렇다고 100%는 아니다.

투자할 때 손실을 보는 건 사실 두려운 일이다. 가능하다면 그런 일은 피하고 싶은 게 사람이라면 누구나 가지는 보통의 마음이다. 그러나 그렇다고 해서 투자를 피하게 되면 더 나은 성과를 얻을 방법이 없다.

리버모어가 비범한 투자자기는 하지만 한편으로 조금 마음이 불편한 것도 사실이다. 공매도와 파생 거래를 밥 먹듯 하는 리버모어의 기법을 보통의 개인이 따라 하기에는 무리가 있다. 그러니 다른 사람 한 명을 더 보려고 한다. 리버모어와 마찬가지로 인베스토피디아가 뽑은 11명의 가장 위대한 투자자에 이름을 올린 사람이다. 그것도 제일 먼저 나온다. 바로 벤저민 그레이엄이다.

4장 뒤쪽에서 처음 나왔던 그레이엄은 다시 한번 반복하지만 가치 투자의 창시자다. '오마하의 오라클' 워런 버핏Warren Buffett이 가치 투자로 유명한 건 잘 알려진 사실이다. 버핏과 그레이엄의 관계는 그게 전부가 아니다. 버핏은 컬럼비아대학에서 경제학 석사 과정을 밟을 때 그레이엄의 강의를 직접 들었다. 또 버핏은 그레이엄이 은퇴할 때까지 그레이엄의 투자 회사에서 2년 동안 일하면서 투자를 배웠다.

그런 그레이엄의 투자 성과는 당연히 뛰어났다. 하지만 1929년 그레이엄은 20% 손실을 봤고 그다음 해에는 50%의 손실이 났다. 같은 시기 동안 당시 미국 주식 시장을 대표하는 다우존스지수는 각각 15%와 29%의 손실에 그쳤다. 즉 그레이엄마저도 손실을 아예 피할 수는 없었다.

투자는 쉬운 일이 아니다. 투자하면 언제든 손실을 볼 가능성에 놓이게 되기 때문이다. 손실 가능성이 아예 없는 투자란 존재하지 않는다. 1장에서 이야기했듯이 투자의 결과가 100% 확실하다면 그건 투자가 아니다.

하이 리스크,
하이 리턴

투자에서 수익이 전부가 아니라는 건 이미 4장에서 이야기했다. 투자는 수익과 리스크라는 두 가지 차원을 같이 봐야 하는 대상이다. 리스크를 생각하지 않고 수익만 재는 건 일차원적이다. 마찬가지로 수익을 헤아리지 않고 리스크만 따지는 것도 한눈을 감고 세상을 바라보는 것과 같다.

수익과 리스크를 동시에 봐야 한다면 중요한 건 그 둘 사이의 관계다. 이걸 밝히려는 시도 중 몇 가지는 현재 금융학계가 기둥으로 삼고 있는 이론이 되었다. 골치 아픈 논리와 수식이 따라 나오는 그 이론들을 여기서 본격적으로 펼쳐 놓을 생각은 없다. 그렇더라도 그 핵심을 이루는 생각을 알아보는 건 투자 실력 향상에 도움이 된다.

먼저 여러 종류의 주권을 상상해 보겠다. 당연한 이야기지만 그것들은 전적으로 똑같지 않다. 그중 일부는 주기적으로 호황과 불황을 오가는 사업의 고유한 성격상 주가의 변동이 심하다. 대규모의 자본 투자가 선행되어야 하는 반도체 회사가 대표적인 예다. 또 개인의 소득이 늘면 그만큼 실적이 좋아지기 쉬운 자동차 회사나 항공사도 여기에 속한다.

반대로 큰 호황이나 불황 없이 사업 성과가 꾸준한 업종도 있다. 가령 전기를 생산해 파는 회사의 주가는 다른 종목에 비해 크게 변하지 않는다. 아무리 불황이라고 해도 더우면 에어컨을 켜야 하고 추우면 난방을 끌 수 없기 때문이다. 마찬가지로 돈 많아졌다고 더 먹는 데에 한계가 있고 돈 모자란다고 안 먹을 수 없는 음식료를 만들어 파는 회사도 주가 변동이 크지 않은 편이다.

주가 변동의 크기는 투자 관점에서 하나의 리스크로 볼만하다. 왜냐하면 그게 클수록 주가가 떨어질 때 그만큼 더 많이 떨어지기 때문이다. 동전의 양면처럼 이러한 성질은 주가가 오를 때는 또 그만치 더 크게 오르게 하는 원인이 되기도 한다.

방금 한 이야기를 더 깊이 파고들기 전에 한 발 뒤로 물러나 보겠다. 수익과 리스크 사이의 관계를 지레짐작하지 말고 백지상태에서 다시 보자는 뜻이다. 먼저 수익과 리스크는 별개의 차원을 구성하는 변수다. 또한 개념적으로 이들 변수는 각각 크거나 작은 두 가지 상태가 가능하다. 그러므로 이들의 순서쌍으로 구성되는 수익과 리스크의

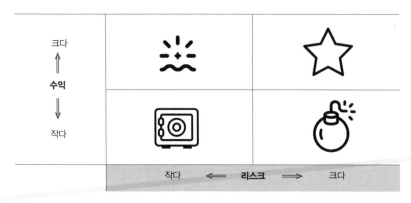

그림 7.1 수익과 리스크의 조합

조합은 그림 7.1처럼 모두 네 종류가 있다.

수익과 리스크의 조합 네 종류를 차례로 알아보겠다. 왼쪽 아래의 3사분면을 상징하는 아이콘은 '금고'다. 금고는 저위험, 저수익인 자산이다. 앞에서 이야기한 전력주나 음식료주가 반도체주와 항공주보다는 상대적으로 금고에 가깝다.

금고의 끝판왕은 무얼까? 리스크가 작다 못해 아예 없어지면 가장 튼튼한 금고가 될 터다. 리스크가 전무한 자산은 앞의 2장에서 이미 나왔다. 바로 예금자 보호 제도 한도 내의 예금이다. 또 국채도 만기까지 보유하면 무위험 자산이 될 수 있다. 국가에 빌려준 돈인 국채는 만기 전에는 가격이 계속 변하기에 무위험 자산이 아니다. 물론 여기에서 무위험은 국가가 망하지 않았다는 전제 아래서 그렇다. 국가가 전쟁 등으로 사라지면 예금과 국채 모두 휴지 조각이 된다.

왼쪽 위의 2사분면을 상징하는 아이콘은 '신기루'다. 신기루는 저위험, 고수익인 자산이다. 이게 신기루인 이유는 단순하다. 리스크는 작은데 수익이 큰 건 실제로 존재하기가 어렵기 때문이다. 멀리서 보면 그런 것 같다가도 가까이 가 보면 온데간데없이 사라진다. 설사 진짜로 있다고 하더라도 사막의 오아시스처럼 금방 말라 버린다. 남이 광고하는 신기루는 거의 틀림없이 사기다.

그다음 오른쪽 위의 1사분면을 상징하는 아이콘은 '별'이다. 별은 고위험, 고수익의 자산이다. 주가 변동폭이 큰 자동차주나 오르면 무섭게 오르지만, 순식간에 고꾸라질 수 있는 기술주가 별의 한 예다.

마지막으로 오른쪽 아래의 4사분면을 상징하는 아이콘은 '폭탄'이다. 폭탄은 고위험이면서 저수익인 자산이다. 폭탄이 실제로 존재할까? 그런 게 일절 없다고 이야기하는 건 정직한 대답은 아닐 터다.

단, 금융학계는 여기에 다른 대답을 가지고 있다. 금융학이 애지중지하는 전가의 보도, 아비트라지arbitrage 때문이다. 아비트라지는 재정 거래 혹은 차익 거래로 불린다. 같은 물건의 가격이 다르다면 싼 곳에서 사서 비싼 곳에서 팔면 돈이 남는다. 그걸 계속하다 보면 싼 곳의 가격은 올라가고 비싼 곳의 가격은 내려가 결국 중간 어딘가의 같은 가격으로 재정 혹은 중재된다. 금융학계는 폭탄의 가격이 재정 거래로 떨어져 종내에는 별이 될 거라고 주장한다.

즉 금융학계는 수익과 리스크 사이의 양의 선형 관계에 주목한다. 선형 관계란 2차원 좌표 평면상에서 리스크와 수익이 직선으로 나타나는 걸 말하고 양은 그 직선의 기울기가 0보다 큰 값인 걸 말한다. 쉽게 말해 리스크가 커지는 만큼 그에 정비례해서 수익도 따라 커지는 관계다. 수익과 리스크가 직접 정비례 관계는 아닌데, 그 이유는 리스크가 0인 예금의 수익이 0은 아니기 때문이다. 직선이 좌표 평면의 원점을 지나지 않으면 정비례라고 할 수 없다.

리스크와 수익 간 양의 선형 관계를 이론적으로 정립한 사람 중 대표격은 제임스 토빈James Tobin이다. 1918년에 태어난 토빈은 하버드대학에서 학사, 석사, 박사 과정을 마쳤다. 박사 과정 때인 2차 대전 중에는 공부를 중단하고 미국 해군 장교로서 글리프스급 구축함 커니 등에 탑승했다. 종전 후인 1947년에 토빈에게 경제학 박사 학위를 준 토빈의 지도 교수는 조지프 슘페터다.

오늘날 토빈의 이름이 낯설지 않게 들린다면 그건 아마도 토빈세 덕분이다. 토빈세는 외환 거래에 가령 0.5% 정도의 세금을 물리자는 토빈의 1972년 제안을 가리킨다. 토빈이 그런 제안을 했던 이유는 2차 대전 후 각국의 환율을 일정하게 유지하던 브레턴우즈 체제가 1971년에 사라지면서 외환 거래가 급증했기 때문이었다. 토빈은 투기 목적의 외환 거래가 "위험하고 비생산적"이라고 생각했다. 토빈세는 자유방임이 만병통치약이 아님을 학계 사람이 설파한 드문 사례 중 하나다. 토빈은 1981년 단독으로 노벨 기념상을 받았다.

리스크와 수익이 서로 양의 선형 관계라는 학계의 이론을 업계는 물개박수로써 반겼다. 큰 이익을 거두려면 겁내지 말고 리스크를 크게 떠안아야 한다는 업계의 오랜 영업용 권유 방식에 제법 훌륭한 근거가 생겼기 때문이었다.

업계는 이를 귀에 쏙 들어오는 문구인 '하이 리스크, 하이 리턴high

risk, high return'으로 요약한다. 리스크를 많이 져야 수익을 크게 낼 수 있다는 의미다. 리스크가 크지 않은 금고를 택하면 당연히 더 안전하겠지만 별과 같은 고수익을 기대할 수는 없다.

1부의 12개 장 중에서 실제의 투자 관점에서 가장 중요한 장 셋을 뽑으라면 무엇을 뽑아야 할까? '이길 확률이 높아야 좋은 투자'의 5장과 함께 당당히 톱3에 이름을 올릴 장이 바로 이번 장이다. '하이 리스크, 하이 리턴'은 그 정도로 중요하다.

주식이 예금, 채권보다
결국은 낫다

앞의 7장에서 검토한 네 종류의 자산 중 실제로 의미가 있는 건 두 종류뿐이다. 바로 금고와 별이다. 나머지 두 종류인 신기루와 폭탄은 머릿속에서 지워도 무방하다. 이유는 각각 다르다.

먼저 신기루가 진짜 오아시스라면 물론 마다할 이유는 없다. 그러나 현실에서는 실망할 일이 많을 터다. 즉 신기루의 승리 확률은 별로 높지 않다. 앞의 5장에서 이야기했듯이 로또와 성질이 비슷한 신기루는 좋은 투자가 되기 어렵다.

한편, 폭탄을 무시해야 하는 이유는 수익과 리스크 양쪽으로 폭탄보다 더 나은 대안이 있기 때문이다. 가령 저수익이어도 괜찮다는 입장을 생각해 보겠다. 그런 조건에서 폭탄은 금고의 이른바 하위 호환이다. 수익은 둘이 같은데 굳이 금고의 저위험 대신 폭탄의 고위험을 택할 이유가 없어서다.

리스크 관점에서도 폭탄은 열등한 존재다. 예를 들어 고위험을 감수하겠다는 입장이라면 폭탄은 별의 하위 호환이다. 리스크는 둘이 같지만, 수익은 폭탄이 별보다 작기 때문이다. 쉽게 말해 건드려 봐야 터질 일밖에 없는 폭탄은 손댈 물건이 아니다.

여기까지 이해가 됐다면 이제 중요한 건 여러 종류의 자산 중 뭐가 금고고 뭐가 별인지를 깨닫는 거다. 사실 금고와 별은 은유면서 동시에 상대적인 개념이다. 일례로 전력주는 반도체주에 비해 금고고, 동시에 반도체주는 전력주에 비해 별이라고 볼 수 있다. 각각의 자산군이 상대적으로 어디에 위치하는지를 아는 게 그래서 필요하다.

검토하려는 자산군은 일단 주권, 채권, 부동산, 금의 네 가지다. 단 채권은 국채와 회사채를 구별해 보려 한다. 정부가 빌린 돈인 국채와 회사가 빌린 돈인 회사채는 리스크의 크기가 확연히 다르다. 즉 이번 장에서 크게 보아 다섯 가지 종류의 자산을 검토하는 셈이다.

방금 언급한 다섯 자산군의 수익을 어떻게 알 수 있을까? 가장 확실한 방법은 과거 발생한 수익을 직접 살펴보는 거다. 말하자면 통계의 힘을 빌려 수익이 서로 간에 얼마나 차이가 났는지를 따지려 한다.

여기서 의미가 있는 지표는 바로 평균이다. 매년의 수익은 자산마다 다를 수 있다. 어느 해에는 부동산이 좋았다가 또 다른 해에는 금이 큰 수익이 나는 식이다. 그래서 시기를 특정하지 않고 각 자산의

표 8.1 다섯 자산군별 연 평균 수익률

자산군	부동산	국채	금	회사채	주권
연 평균 수익률(%)	4.42	4.86	6.55	6.95	11.66

매년의 수익률을 평균해 보려 한다. 표 8.1에 그 결과를 나타냈다.

예상대로 주권이 11.66%로 다섯 자산군 중 가장 높은 연 평균 수익률을 보였다. 그 뒤를 이어 회사채, 금, 국채, 부동산 순이다. 부동산의 연 평균 수익률이 가장 낮다는 건 뭔가 마음이 불편하다. 하지만 숫자는 거짓말을 하지 않으니, 진실을 있는 그대로 마주할 필요가 있다. 리스크가 상대적으로 크기 마련인 회사채의 연 평균 수익률이 국채보다 높다는 점도 표 8.1이 믿을 만하다는 증거다.

주권의 연 평균 수익률이 높다고 해서 매년 주권의 수익률이 다른 자산군보다 높다고 볼 수 있을까? 그건 과한 기대다. 가령 1982년 주권이 20.42%의 수익을 냈을 때 국채는 32.81%의 수익을 올렸다. 또 1979년 주권이 18.52%의 수익을 올리는 동안 금은 침을 흘릴 만한 126.55%의 이익을 거뒀다. 주권이 언제나 다른 자산보다 더 큰 수익을 올리는 건 결코 아니다.

표 8.1의 원자료는 뉴욕대학의 애스워스 다모다란Aswath Damoda-ran이 학교 홈페이지에 공개적으로 게시해 놓은 자료다. 다모다란은

기업 가치 평가와 투자론의 대가로 인정받는 사람이다. 그의 책 중 《내러티브 & 넘버스》를 비롯해 모두 네 권이 한국어로도 번역돼 나왔다.

그렇다면 기업 가치 평가의 세계적 대가인 다모다란이 친절하게도 한국의 금융 자료를 모아 놓은 걸까? 그렇지는 않다. 인도 태생으로 미국에서 박사 학위를 받은 다모다란은 미국 금융 시장의 자료를 수집했을 뿐이다. 즉 표 8.1은 미국 금융 시장의 결과다.

대학에서 투자론을 배운 사람이라면 걱정이 없겠지만 보통 사람은 방금 들은 이야기가 마음에 들지 않을 수 있다. 주권의 평균 수익률이 다른 자산군보다 높은 게 미국에만 해당하는 이야기고 한국은 다르면 어떡하지 하는 걱정이 되기 때문이다.

그런 걱정은 한마디로 기우다. 미국의 진리는 곧 온 세계의 진리기 때문이다. 미국은 금융시장이 전 세계에서 제일 크고 가장 발달한 국가다. 그런 곳에서 성립하는 이론이 다른 곳에서 성립하지 않을 이유가 없다. 설혹 일부 그런 시장이 있을지라도 그건 그런 후진 시장의 문제지 선진 이론의 문제는 아니다. 미국의 막대한 돈이 조금만 손을 봐주면 후진 시장도 금세 올바르게 제자리를 찾아갈 거라서다.

다른 이유도 있다. 한국 금융 시장은 역사가 미국보다 짧다. 또한 그중 상당 기간은 국제 기준으로 볼 때 기준 미달이었다. 정부가 맘대로 개입하던 때를 빼고 나면 채 30년이 되지 않는다. 그러니까 연간 수익률의 표본 수가 정규 분포의 전제 조건인 30개에도 모자란다. 이래서는 유의미한 통계적 결론을 끌어낼 수가 없다.

표 8.1의 원자료는 얼마나 오랜 기간에 해당할까? 1928년부터 2023년까지 무려 96년이다. 특히 미국의 대공황이 시작된 1929년이 포함됐다는 사실에 주목해야 한다. 즉 여기에는 미국 주식 시장이 가장 크게 폭락했던 때도 들어가 있다. 보다 구체적으로 S&P500 지수로 나타낸 1931년의 주권 수익률은 마이너스 43.84%였다.

대공황 때만 손실이 크게 난 게 아니다. 일례로 2008년 금융 위기 때 주권은 36.55%의 손실을 봤다. 당시 금융 위기의 진원지였던 부동산도 손실을 보기는 했지만, 마이너스 12%에 그쳤다. 그해에 국채는 20.1%의 이익을 거뒀다.

역사적으로 증명된 사실이지만 주권이 안전한 자산이 아닌 건 분명하다. 손실이 날 때가 있고 또 손실이 나면 다른 자산보다 크게 나는 경향이 있다. 지난 96년 동안 부동산, 국채, 금, 회사채의 금의 연간 최대 손실률은 각각 약 12, 18, 33, 16%에 그쳤다. 같은 기간 주권의 연간 최대 손실률은 약 44%였다.

7장의 '하이 리스크, 하이 리턴'은 별의 특성을 요약하는 말이었다. 즉 그건 금고와 별 사이의 우열을 가리는 말은 아니었다. 고수익을 원하는 사람이라면 그만한 리스크를 져야 하고 또 리스크가 싫은 사람은 저수익에 만족해야 한다는 게 전부였다. 고수익을 원하냐 아니면 저위험 혹은 무위험을 원하냐는 그저 개인의 취향 문제일 뿐, 정답이 있는 질문은 아니었다.

이번 장의 내용은 그로부터 한 걸음 더 나아간다. 주권은 큰 손실에도 불구하고 여러 자산군 중 가장 높은 연 평균 수익률을 보였다. 손실이 날 때도 있지만 결국은 주권이 궁극적으로 승리하는 자산인 이유다. 6장에서 말한 "손실을 두려워 말아야 더 나은 성과를 얻는다"는 건 바로 주권의 이러한 특성을 가리킨 말이다.

연 평균 수익률에서 주권이 채권이나 예금을 압도한다는 역사적 사실에 근거해 주권 투자를 권하는 사람으로 펜실베이니아대학의 제러미 시걸Jeremy Siegel이 있다. 컬럼비아대학을 졸업하고 매사추세츠기술원에서 박사 학위를 받은 시걸은 다모다란 이상의 '투자의 구루'다. 구루는 힌두교나 시크교의 스승을 가리키는 말이다. 시걸이 쓴 세 권의 책 중《주식에 장기투자하라》를 포함한 두 권이 한국어로 옮겨졌다.

미국의 유명한 경제 전문 방송 CNBC에 자주 얼굴을 드러내는 시걸보다 투자에 관한 권위와 통찰력에서 앞설 사람은 별로 없다. 그의 저서《주식에 장기투자하라》는 주식 투자의 바이블로 통한다. 그런 시걸이 말한다, 예금, 금, 채권이 아닌 주권에 장기 투자하라고. 달리 말해 주권은 별 중의 별, 즉 슈퍼스타다.

단기적 이익을 반복하면
그걸로 충분

지난 5장부터 8장까지는 투자의 원리 중 초급을 지난 중급에 해당하는 내용이었다. 이번 장인 9장부터 1부의 마지막 장인 12장까지는 제일 수준이 높은 고급 내용이다. 그중에서도 이번 장은 특히 핵심적인 위치를 차지하고 있다. 왜냐하면 7장의 끝부분에서 이야기한 투자 관점에서 손꼽는 톱3을 완성하는 마지막 멤버가 바로 이번 장이기 때문이다.

사실 이번 장은 그냥 셋 중 하나가 아니다. 이번 장의 내용이 충족되지 않으면 5장과 7장의 내용은 불완전하다. 알고 보면 5장은 자체로는 학계의 지지를 받지 못하고 7장은 학계의 이론을 학계가 인정하기 곤란한 영역까지 비튼 결과다.

반면 이번 장은 학계가 내용을 보장한다. 그것도 그냥 금융학계가 아니라 더 근본적인 원리를 제시하는 경제학계다. 다시 말해 경제학은 회사가 비즈니스를 할 때 이번 장의 내용대로 투자 결정을 내려야 한다고 가르친다. 이번 장은 그런 정도로 중요하다.

그 출발점은 5장에 나왔던 확률이다. 5장에서는 승리 확률이 높아야 좋은 투자라고 이야기했다. 그런 말을 하는 전현직 업자는 참으로 많다. 최근에도 유튜브에서 월가를 내세우며 사람을 끌어모으는 데에 어느 정도 성공한 사람이 똑같은 이야기를 하는 걸 봤다. 그러나 이는 솔직히 빈 구멍이 크게 있는 말이다. 왜 그런지를 차분히 알아보겠다.

이미 앞에서 한 번 본 적 있는 가상의 돈내기를 다시 살펴보려 한다. 1번 테이블은 주사위 한 개를 던져 3 이상의 수가 나오면 돈을 따고 2번 테이블은 동전 한 개를 던져 앞면이 나오면 돈을 따는 상황이다. 5장에서는 1번 테이블의 돈 딸 확률이 2번 테이블보다 크니까 1번 테이블에서 돈내기해야 한다고 이야기했다.

여기에는 언급되지 않은 전제 조건이 하나가 있다. 바로 두 테이블 모두 따는 돈은 건 돈, 즉 판돈의 100%라는 조건이다. 가령 2번 테이블에서 만원을 걸고 동전의 앞면이 나오면 건 돈인 만원을 포함해 2만원을 받고 뒷면이 나오면 건 돈인 만원을 잃는다. 이런 조건이 충족된다면 돈 딸 확률이 50%보다 커야 한다는 5장의 내용은 의미가 있다.

반대로 말해, 즉 앞의 전제 조건이 만족하지 않으면 이길 확률이 높

표 9.1 다섯 자산군별 수익 빈도와 수익 빈도율

자산군	부동산	국채	금	회사채	주권
수익 빈도	80	77	53	80	70
수익 빈도율(%)	83.3	80.2	55.2	83.3	72.9

아야 좋은 투자라는 말은 하나 마나 한 말이다. 얼마를 따고 얼마를 잃을지를 모르면 아무리 돈을 딸 확률을 알아도 소용이 없다. "그건 당연한 이야기 아니냐?"하고 생각할지 모르지만 실제로 수익과 손실의 크기를 괘념치 않고 맹목적으로 확률만 따지는 사람이 허다하다.

여기서 바로 전 8장에 나왔던 다섯 자산군의 수익 빈도와 수익 빈도율을 확인해 보겠다. 수익 빈도는 연간 수익률이 0보다 큰 해가 과거에 몇 번이었는지를 말한다. 수익 빈도율은 수익 빈도를 전체 빈도로 나눈 값이다. 1928년부터 2023년까지 모두 96년이므로 전체 빈도는 96이다. 표 9.1은 이를 정리한 결과다.

표 9.1에 따르면 주권이 수익을 낸 해는 70번으로 다른 자산보다 많지 않다. 조금 더 엄밀히 말하면 주권보다 수익 빈도가 적은 건 53번 나온 금밖에 없다. 연 평균 수익률이 가장 작았던 부동산과 주권 다음으로 고위험일 회사채의 수익 빈도가 똑같이 80회로 제일 많은 건 이채롭다.

부동산과 회사채가 수익 빈도율이 가장 높으니 이 둘이 투자하기에 가장 좋은 자산일까? 그렇게 말할 수는 없다. 가령 3개월 만기의 정기 예금 같은 걸 했다면 수익 빈도율이 100%가 나왔을 거라서다. 7장에서 한 말을 반복하자면 금고는 저위험이지만 동시에 저수익이다. 그리고 1장에서 말했듯이 투자는 더 많은 돈을 가지려고 가격이 오를 것 같은 자산을 사는 행위다.

그렇다면 승리 확률과 평균 수익률 중 무엇이 궁극의 지표일까? 조금만 생각해 보면 후자가 더 중요하다는 걸 깨달을 수 있다. 왜냐하면 평균 수익률은 승리 확률에 수익과 손실의 크기까지 감안된 값이기 때문이다. 한마디로 평균 수익률은 그 안에 모든 정보가 다 버무려져 있는 올인원 지표다.

조금 더 이해를 돕기 위해 앞에 나온 두 돈내기를 비교해 보겠다. 가령 1번 테이블의 주사위 도박은 3 이상의 수가 나오면 건 돈의 100%를 따지만, 2번 테이블의 동전 도박은 앞면이 나오면 건 돈의 200%를 딴다면 어느 쪽이 더 나을까? 편의상 건 돈은 두 테이블 모두 3만원으로 가정하겠다.

1번 테이블은 여섯 번 도박을 하면 두 번은 판돈 3만원을 날리고 네 번은 판돈의 100%인 3만원을 딴다. 따라서 수익의 총합은 6만원이다. 그걸 도박 횟수인 6으로 나오면 수익의 평균은 만원이다. 그러므로 평균 수익률은 평균 수익인 만원을 판 돈인 3만원으로 나눈 값인 33.3%다.

2번 테이블은 어떨까? 두 번 도박을 하면 한 번은 판돈 3만원을 잃지만, 다른 한 번은 판돈의 200%인 6만원을 딴다. 따라서 수익의 총합은 1번 테이블보다 적은 3만원이다. 하지만 도박 횟수는 1번 테이블의 3분의 1에 불과한 두 번이다. 고로 수익의 평균은 3만원을 2로 나눈 1만5000원이다. 그러므로 평균 수익률은 1만5000원을 3만원으로 나눈 50%다.

이길 확률은 여전히 1번 테이블이 크다. 하지만 평균 수익률은 2번 테이블이 더 높다. 이런 돈내기를 꾸준히 계속해서 할 수 있다면 1번 테이블보다는 2번 테이블에서 도박을 하는 게 더 낫다. 평균 수익률이 50%라는 건 한 번 할 때마다 평균적으로 건 돈의 50%를 이익으로 얻을 수 있다는 뜻이기 때문이다. 2번 테이블에서 여섯 번 도박을 하면 평균적으로 9만원의 이익을 거둘 수 있다. 이는 1번 테이블의 6만원보다 3만원이 더 많은 돈이다.

방금 본 수익의 평균을 구하는 과정은 각각의 수익액과 손실액에 그에 해당하는 빈도율을 곱한 후 모두 더한 것으로 이해할 수 있다. 여기서 과거의 빈도율을 미래의 확률로 치환하면 뭐가 나올까? 그 값을 가리켜 수학적 기댓값, 혹은 줄여서 그냥 기댓값이라고 부른다. 기댓값은 말 그대로 한 번 할 때 얻을 걸로 기대되는 값이다. 말은 조금 어렵지만 본질은 쉽다. 왜냐하면 기댓값의 계산식은 평균의 계산식과 형태가 같기 때문이다.

5장에서 로또가 투자가 아니라고 했던 것도 사실 확률만의 문제는 아니었다. 45개의 숫자 중 6개를 맞춰야 1등에 당첨되는 로또의 1등 당첨 확률은 약 0.00001%로 극히 작다. 여기에 보통의 1등 당첨금인 20억원을 곱하면 약 250원이다.

반면 나머지 약 99.99999%의 확률로 꽝이 나와 로또를 사는 데 든 돈인 1000원을 날린다고 치면 로또의 수익 기댓값은 0보다 작은 값이다. 실제의 로또는 1등과 꽝 사이에 몇 개의 당첨 번호가 더 있지만 그걸 다 감안해도 수익의 기댓값은 반드시 음수다. 그래야 로또 사업자가 돈을 남길 수 있기 때문이다.

지금까지 한 이야기를 요약해 보겠다. 투자할 자산을 평가하려면 먼저 예상되는 수익과 손실의 크기를 알아야 한다. 그리고 그 각각의 수익과 손실에 해당하는 확률도 알 필요가 있다. 그걸 모두 구하고 나면 수익의 기댓값을 구할 수 있다.

경제학은 그렇게 구한 수익률의 기댓값이 0보다 크면 투자하고 0보다 작으면 투자를 하면 안 된다고 가르친다. 만약 수익률의 기댓값이 0보다 큰 자산이 여러 개라면 그중 가장 기댓값이 큰 것에 투자하라고도 말한다. 이처럼 가장 큰 기댓값을 갖는 걸 택하는 게 합리적이라는 원리가 이른바 '기댓값 최대화'다. 투자에서는 기댓값을 최대화해야 하는 대상이 바로 수익률이다.

간단한 예를 하나 들어 보겠다. 스피카라는 별의 수익 예상치는 100%고 손실 예상치는 75%다. 수익과 손실의 확률은 각각 50%로 같다. 스피카의 수익률 기댓값은 얼마나 될까? 100%와 마이너스 75%에 각각 0.5를 곱한 후 더하면 12.5%가 나온다. 즉 수익률의 기댓값이 0보다 크므로 스피카는 반드시 투자해야 하는 자산이다.

수익률의 기댓값은 사실 투자를 한 번 했을 때의 평균적인 수익률 예상치다. 달리 말해 그건 단기적인 예상 결과다. 그런데 투자는 장기로 해야 한다는 말이 흔하다. 방금처럼 수익률 기댓값으로 투자 판단을 내려도 괜찮은 걸까? 전혀 걱정하지 않아도 괜찮다. 경제학은 수익률의 기댓값이 0보다 크면 장기적으로 반드시 이익이 난다고 가르친다. 왜냐하면 투자 기간이 길어질수록 수익이 계속 누적해서 불어날 거라서다.

물론 수익률의 기댓값이 0보다 커도 단기적으로는 손실이 날 수 있다. 그건 투자에서 피하기 어려운 숙명이다. 그러나 장기적으로는 그렇지 않다. 단기적 이익을 기댓값 수준에서 확보할 수 있으면 그걸로 충분하다는 이야기다. 장기적인 결과는 저절로 해결된다.

수익률의 기댓값을 최대화하는 것, 그것이 궁극의 투자법이다.

금융 시장의 유일한 공짜
점심은 다각화

　대학에서 투자론을 배운 적이 있는 사람이라면 이즈음엔 고개를 갸우뚱하고 있을 것 같다. 투자론 하면 제일 먼저 배우는 내용이 여태껏 안 나와서다. 사실 아예 안 나온 건 아니었다. 4장 끝에서 리스크를 처음 언급했을 때 관련된 사람 이름이 스쳐 지나가듯 나오기는 했다. 그 이름은 바로 해리 마코위츠다.

　1927년생인 마코위츠는 투자의 리스크를 공식적으로 정의한 최초의 사람이다. 좀 더 엄밀하게는 수익률의 분산을 리스크로 봤다. 분산은 통계 변수가 얼마나 퍼져 있는지를 계산하는 수치다. 오늘날에는 수익률과 단위를 맞추기 위해 분산 대신 분산의 제곱근인 표준 편차를 주로 사용한다. 여하간 투자를 통계학의 기반 위에 올려놓은 사람이 바로 마코위츠다.

사실 앞의 7장에서 주가 변동의 크기는 하나의 리스크로 볼만하다고 이야기했다. 그게 바로 마코위츠의 출발점이었다. 수익률의 표준편차로 표현된 리스크는 금융학 내에서는 변동성이라는 이름으로도 불린다. 업계 사람들은 변동성이라는 말을 늘 입에 올리고 다닌다. 즉 그들이 이야기하는 변동성은 단순히 변한다는 사실이 아니라 수익률의 표준 편차다.

그러니까 변동성은 일반적인 의미의 리스크와는 사뭇 결이 다르다. 사람들이 리스크라는 말을 쓸 때는 보통 잘못되거나 혹은 쫄딱 망할 가능성을 생각하기 때문이다. 변동성은 양날의 검이다. 망할 가능성을 높이지만 동시에 대박이 나게 하는 원인도 될 수 있다.

투자론에 대한 마코위츠의 기여는 그게 전부가 아니다. 그는 자산 하나에만 투자하지 않고 여러 자산으로 포트폴리오를 만들면 장점이 있다는 걸 수학적으로 증명했다. 가령 수익률이 같은 두 자산이 있을 때 각각 하나씩 투자할 때보다 돈을 둘로 나눠 두 자산에 모두 투자하면 포트폴리오 수준에서 변동성이 준다. 즉 수익은 그대로 유지하면서 리스크만 줄이는 게 가능하다는 이야기다.

여기에는 전제 조건이 있다. 자산 간에 완전하지 않은 관계가 있다는 조건이다. 가령 첫째 자산의 가격이 오를 때 둘째 자산의 가격이 제자리거나 혹은 심지어 떨어질 때도 있다면 둘의 상관은 완전하지 않다. 그런 조건이 만족한다면 수익의 감소 없이 변동성의 감소를 이룰 수 있다.

통계학에서 두 변수의 상관의 세기를 나타내는 지표는 상관 계수다. 이론상 상관 계수는 -1에서 1 사이의 값을 갖는다. 일반적으로 여러 자산 간의 상관 계수를 계산해 보면 0보다는 크고 1보다는 작은 그 중간 어딘가가 나온다. 그렇기에 여러 자산으로 투자 포트폴리오를 짜는 것의 이점은 분명하다.

하나에 이른바 '몰빵'하기보다는 여럿으로 나누는 쪽이 신중하다는 생각은 오래전부터 있어 왔다. 가령 구약 성경의 코헬렛 11장 2절은 "일곱 또는 여덟 몫으로 나누어라. 땅 위에서 무슨 불행이 일어날지 네가 알지 못하기 때문이다."라고 말한다.

코헬렛kohelet은 예전 이름으로는 전도서다. 전도서라는 이름은 '도를 전하는 글'을 의미하는 중국어 성경에서 가져온 말이다. 한국어로 '말씀'으로 번역된 그리스어 성경의 '로고스'가 청 때 '길 도道'로 옮겨졌기 때문이다. 사람들 앞에서 말하거나 가르치는 자를 뜻하는 히브리어 코헬렛은 그리스어 성경에선 모인 사람들을 뜻하는 에클레시아스테스로 옮겨졌다.

다각화의 이로움을 높이 사는 목소리는 윌리엄 셰익스피어William Shakespeare의 희곡에도 나온다. 《베니스의 상인》 1막 1장에서 주인공 안토니오는 친구인 살레리오와 솔레이니오에게 다음처럼 말한다.

"아닐세, 나를 믿게. 나는 내 상품에 대해 행운에 감사하네.
내 모험사업은 배 한 척에 다 걸려 있지 않고,

장소 한 곳에 달려 있지도 않네. 내 모든 땅도

이번 해의 운에만 달려 있는 것이 아니네.

그러므로 내 상품이 날 슬프게 하는 건 아닐세."

구체적인 이론을 제시하지는 않았지만, 실제로 다각화된 주권 포트폴리오를 직접 운용했고 특히 가격이 반대로 움직이는 자산을 투자 포트폴리오에 넣으면 얻는 게 많다는 글을 쓴 사람도 있다. 바로 20세기 전반의 존 메이너드 케인스John Maynard Keynes다.

역사상 세 손가락 안에 드는 경제학자로 꼽히는 케인스는 1920년 대 중반부터 1946년에 죽을 때까지 자신의 모교인 케임브리지대학 킹스칼리지의 학교 기금을 직접 운용했다. 그의 주권 포트폴리오는 같은 기간 영국 주가지수보다 평균적으로 연 8% 더 높은 수익을 냈다. 즉 케인스의 투자 실력은 발군이었다.

케인스는 1938년 킹스칼리지에 메모를 보냈다. 그간의 투자 성과와 얻은 교훈을 알리려는 목적이었다. 거기서 케인스는 성공적인 투자는 세 가지 원칙에 의존해야 한다고 썼다. 그가 말한 세 가지 원칙이란 첫째, 내재 가치에 비해 가격이 싼 자산, 둘째, 수년 이상의 보유기간, 셋째, 균형 잡힌 투자 포지션이었다. 케인스는 셋째를 두고 "다양한 리스크로 구성되고, 가능하다면 반대의 리스크도 포함된"이라고 부연해 설명했다.

이처럼 다각화의 혜택을 최초로 인식한 사람은 아닐지언정 마코위츠는 자신의 포트폴리오 이론으로 투자에 엄밀한 숫자를 가져다주었다. 그럼에도 마코위츠가 박사 학위를 받는 과정은 결코 수월하지 않았다. 두 가지 문제가 있었는데 하나는 수익률의 분산을 리스크로 본다는 관점이 경제학 내에서 너무 낯설다는 거였고, 다른 하나는 이론의 수식이 대학생 정도면 너끈히 유도할 수 있을 정도로 쉽다는 거였다.

실제로 마코위츠는 박사 학위를 받기 위한 마지막 관문인 1954년의 학위 논문 구두 심사에서 곤경을 치렀다. 포트폴리오 이론을 소개하는 마코위츠의 논문은 이미 1952년에 저명 학회지인 저널오브파이낸스에 실린 터라 심사 통과를 걱정할 이유가 거의 없었다.

마코위츠의 지도 교수는 1898년에 러시아에서 태어난 제이콥 마샥 Jacob Marschak이었다. 마샥은 경제 이론을 실제 통계로 검증하는 데 공이 컸던 카울스위원회를 1943년부터 5년간 이끌던 사람이었다. 나머지 두 명의 심사 위원도 마코위츠의 논문에 긍정적이었다. 마샥의 뒤를 이어 카울스위원회를 이끌던 찰링 코프만스Tjalling Koopmans와 수학자 레너드 새비지Leonard Savage가 보기에 마코위츠의 논문은 충분히 독창적이었다.

문제는 마지막 한 명의 심사 위원이었다. 시장 지상주의자였던 밀턴 프리드먼Milton Friedman은 유독 까탈스럽게 굴었다. 1912년생인 프리드먼은 심사가 시작된 지 5분 만에 "해리, 내가 네 논문을 다 읽어 봤는데, 수학에 오류가 있지는 않아, 하지만 이건 경제학 논문이 아니거든. 경제학에 대한 논문이 아닌 걸로 경제학 박사 학위를 줄 수는 없어"라며 포문을 열었다. 그 뒤로 1시간 반 동안 계속해서 마코위츠를 몰아붙였다.

프리드먼은 마침내 "해리, 너한테 문제가 있어. 이건 경제학이 아니야. 수학도 아니고. 경영학도 아니지"하고 선언했다. 참을 만큼 참았던 마코위츠의 지도 교수 마샥은 고개를 저으며 "이건 문학은 아니죠"라고 말했다. 얼마 후 마샥은 마코위츠를 강의실에서 내보냈다. 자포자기의 심정으로 기다리던 마코위츠는 약 5분 후 마샥에게 "축하합니다, 마코위츠 박사"라는 축하의 말을 들었다.

투자의 다각화를 주장한 마코위츠의 이론은 이후 계란 바구니 이론으로 널리 알려졌다. 이는 마코위츠의 이론에 살을 붙인 제임스 토빈의 공이다. 마코위츠보다 먼저 노벨 기념상을 받게 된 토빈이 인터뷰에서 이론을 단순하게 설명해 달라는 요청을 받자 "말하자면, 바구니 하나에 당신의 모든 달걀을 담지 말라는 거죠"라고 대답한 덕분이다. 바구니 하나에 모든 달걀을 담지 말라는 표현 자체는 사실 미구엘 세르반테스Miguel de Cervantes가 쓴 소설《돈키호테》에 제일 먼저 나왔다.

아무튼 다각화는 금융학계가 금이나 옥처럼 여기는 원리다. 게다가 다각화는 금융학계가 중요하게 여기는 또 다른 이론과도 맞닿아 있다. 바로 시장 효율성이다. 여기서 시장이 효율적이라는 말은 가격에 모든 정보가 이미 반영되어 있다는 뜻이다. 쉽게 말해 얼마든 간에 가격은 언제나 옳다는 의미다.

마코위츠의 포트폴리오 이론이 계란 바구니 이론으로 불리듯이 시장 효율성도 친숙한 별명이 있다. 바로 "세상에 공짜 점심은 없다"는 거다. 이 말을 입에 달고 다닌 대표적인 사람이 마코위츠를 괴롭혔던 밀턴 프리드먼이었다. 프리드먼은 1975년에 같은 제목의 책을 내기도 했다.

공짜 점심은 1870년대부터 미국에서 실제로 있었던 현상이었다. 술집과 식당들은 술을 한 잔 시키면 점심을 거저 줬다. 점심을 직접 사 먹는 것보다 한참 적은 돈으로 점심을 먹으면서 술도 한잔 걸칠 기회를 마다할 사람은 별로 없었다. 술집은 공짜 점심으로 주로 짠 음식을 내놓았다. 술집이 기대한 대로, 그렇게 와서 술을 한 잔만 마시는 사람도 드물었다. 자유 시장의 산물인 술집의 공짜 점심은 1920년 금주법이 발효되면서 사라졌다.

프리드먼의 "세상에 공짜 점심은 없다"는 얻는 게 있으면 잃는 게 반드시 있기 마련이라는 걸 의미했다. 이 말 자체는 과학소설의 3대 거장 중 한 명인 로버트 하인라인Robert Heinlein의 1966년 소설《달은 무자비한 밤의 여왕》에 나오는 표현이다. 하인라인의 소설 중 가장 유명한 건 영화로도 만들어진《스타쉽 트루퍼스》다.

금융학계는 세상에는 공짜 점심이 없지만 다행히 금융 시장에는 딱 하나 있다고 말한다. 그게 바로 다각화라는 공짜 점심이다. 투자에서 다각화는 그런 정도로 요긴하다.

보통의 투자자는
주가지수의 시장 수익률을 얻는다

　방금 10장에서 다각화된 자산에 투자하면 혜택이 있다고 설명했다. 대학에서 강의하는 투자론은 마코위츠의 포트폴리오 이론부터 가르친다. 여러 금융 이론이 포트폴리오 이론의 기반 위에 세워져 있기 때문이다. "세상에 공짜 점심은 없다"고 주장하는 학계가 다각화만큼은 예외라고 말할 정도로 포트폴리오 이론은 금융이라는 왕관의 가장 알이 굵은 보석이다.

　수익은 나빠지지 않으면서 리스크만 줄이는 게 가능하다는 다각화의 혜택은 사실 들으면 마음에 와닿지 않는다. 수식으로 표현되는 이론의 전개를 따라가면 수긍이 가지만 그러려면 대학 수준의 수학 실력이 있어야 한다. 그만큼 모든 사람이 이를 제대로 이해하고 있다고 보기는 무리다.

그래서 여기서는 대학 수준이 아닌 고등학교 수준의 수학 실력만 가지고도 이해가 가능한 설명을 해 보려 한다. 아래에 나올 설명이 완전한 증명은 아니다. 하지만 일이 어떻게 되어 가는지를 느끼기에는 충분할 터다.

실제의 투자에서 다각화가 얼마나 유효할지 간단히 따져 보겠다. 눈키와 알골이라는 이름의 자산은 투자하면 가격이 20% 오르거나 그대로의 두 가지 시나리오만 있다. 상황을 단순하게 만들기 위해 각 시나리오의 확률도 2분의 1로 같다고 가정한다.

내가 눈키와 알골 중 하나를 골라 투자하면 내 투자가 수익을 낼 확률과 수익이 없을 확률은 둘 다 2분의 1이다. 이러한 결과는 어떤 쪽을 고르든 달라지지 않는다. 눈키와 알골 모두 가격이 오를 확률과 제자리일 확률이 각각 2분의 1로 같기 때문이다.

대안으로 눈키와 알골에 가진 돈을 절반씩 나눠서 투자하면 어떻게 될까? 그때의 투자 결과는 눈키와 알골 사이의 관계에 따라 달라진다. 가령 두 자산의 가격 변동이 반드시 일치한다면 아까 눈키나 알골 하나를 골라서 투자했을 때와 달라질 게 없다. 눈키의 가격이 올랐을 때 알골의 가격도 오르고, 눈키의 가격이 변하지 않을 때 알골의 가격도 변하지 않기 때문이다. 돈을 둘로 나눠 투자한 수고가 소용이 없어지는 셈이다.

방금과 같은 관계를 완전 상관이라고 부른다. 상관의 세기를 나타

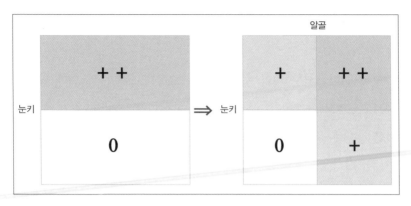

그림 11.1 자산 한 개와 독립인 자산 두 개에 투자할 때의 손익 시나리오

내는 지표인 상관 계수는 완전 상관일 때 1로 계산된다. 그러므로 두 자산의 가격 사이에 완전 상관이 있다면 그때는 다각화의 혜택이 없다. 다른 이름으로 불릴지언정 두 자산은 사실상 하나의 똑같은 자산이나 다름없기 때문이다.

이번에는 눈키와 알골이 독립이라고 가정해 보겠다. 독립이란 서로 간에 아무런 영향을 주지 않는 걸 말한다. 독립일 때 두 자산 가격 사이의 상관 계수를 계산해 보면 0이 나온다. 눈키 하나에만 투자했을 때와 서로 독립인 눈키와 알골에 절반씩 투자했을 때의 상황을 그림 11.1에 나타냈다.

그림 11.1의 왼쪽처럼 눈키 하나에만 투자했을 때의 결과는 2분의 1의 확률로 20퍼센의 수익이 나거나 2분의 1의 확률로 수익이 없다. 사각형의 넓이는 확률의 크기를 보여 준다. + 기호 하나는 10%의 수익률에 해당한다.

그림의 오른쪽은 서로 독립인 눈키와 알골에 절반씩 투자했을 때의 결과다. 눈키도 수익이 나고 알골도 수익이 난 1사분면과 눈키와 알골 모두 수익이 나지 않은 3사분면은 그림의 왼쪽인 눈키 하나에만 투자했을 때와 결과가 같다. 1사분면은 오른쪽 위의 사분면이고 2사분면 등은 1사분면으로부터 시계 반대 방향으로 돌아가면서 차례로 위치한다.

주목해야 할 부분은 나머지 2사분면과 4사분면이다. 2사분면은 눈키에 20%의 수익이 났지만, 알골은 수익이 없을 때다. 둘의 비중이 같으므로 바구니 차원의 수익률은 10%다. 4사분면은 눈키는 수익이 없고 알골에 20%의 수익이 났을 때다. 2사분면과 마찬가지로 바구니 차원의 수익률은 10%다.

10장에서 다각화로 투자의 리스크인 변동성, 즉 수익률의 표준 편차를 낮출 수 있다고 이야기했다. 그림의 왼쪽과 오른쪽 중 어느 쪽이 변동성이 클까? 표준 편차를 계산하려면 먼저 평균을 알아야 한다. 조금만 생각해 보면 양쪽 모두 수익률의 기댓값이 10%라는 걸 깨달을 수 있다. 즉 평균 수익률 관점에서 양쪽은 동등하다.

직접 양쪽의 표준 편차를 계산해 보일 수도 있겠지만 그렇게 하지 않으려 한다. 그보다는 수익률의 분포가 어느 쪽에서 더 좌우로 흩어지는지를 보는 것만으로도 충분하다. 왼쪽은 0 아니면 20%의 이항 분포다. 오른쪽은 2분의 1의 확률을 갖는 10% 수익률을 중심으로 각각 4분의 1의 확률을 갖는 0과 20%가 좌우로 대칭을 이룬다. 오른쪽이 왼쪽보다 평균에서 먼 값의 비중이 감소했다. 따라서 변동성이 줄어들었음은 물론이다.

투자를 좀 해 본 사람이라면 조금 전 사례의 가정이 못마땅할 것 같다. 투자는 내가 산 자산의 가격이 떨어지는 게 문제기 때문이다. 앞에서 가정한 것처럼 손실이 날 가능성을 아예 제외하면 놓치는 게 있을지 모른다. 가령 앞 사례를 0과 20%의 손실로 바꾸면 변동성은 여전히 줄겠지만 그만큼 손실의 확률도 올라간다.

금융약은 여기에 깔끔한 해결책을 가지고 있다. 기댓값 수준에서 손실이 나는 자산이 세상에는 없다는 가정이다. 즉 투자론이 다루는 모든 자산은 0보다 큰 수익률 기댓값을 가진다. 물론 개별 자산이 때로 손실이 날 수 있다는 사실을 부인하지는 않는다. 그러나 금고와 별 중 그런 자산은 없다는 태도를 굳게 유지한다. 설혹 실제로 있다고 할지라도 그런 자산은 정상적인 자산이 아니니 어차피 투자 대상이 될 수가 없다는 기세가 불같다.

자산 하나보다는 둘을 바구니에 남는 게 투자의 리스크를 줄이는 데 도움이 된다는 결론은 이제 의심의 여지가 없다. 그렇다면 자산이 두 종류 담긴 바구니에 또 다른 자산을 담는 건 어떨까? 앞에서 보인 원리가 고이 적용되지 않을 이유가 없다. 즉 바구니에 담은 자산 수가 늘수록 다각화의 혜택은 계속해서 늘어난다.

위 논리의 극한은 무얼까? 주권으로 투자 대상을 한정한다면 증권거래소에서 거래되는 모든 주권을 담을 때까지 다각화는 계속되어야 한다. 설령 새로 담기는 주권이 이미 바구니 안에 있는 주권과 완전 상관이더라도 다각화의 혜택이 없을 뿐 해를 끼칠 일은 없기 때문이다. 다각화는 말 그대로 다다익선, 즉 많으면 많을수록 더 좋다.

따라서 최상의 바구니는 상장된 주권을 모두 가지고 있어야 마땅하다. 각각의 주권을 얼마씩 가지고 있어야 하는가가 문제가 되는데 금융학은 여기에도 해답을 가지고 있다. 시장의 지혜를 능가할 것은 세상에 없으니 시장 전체의 모습이 곧 최상의 바구니와 다를 수 없다는 생각이다.

시가 총액만큼의 상대적인 비중으로 구성된 투자 바구니를 가리켜 시장 포트폴리오라고 부른다. 가령 알파, 베타, 감마의 세 종목만 있고 각각의 시가 총액이 350조원, 100조원, 50조원이라고 가정하겠다. 이때 시장 전체의 시가 총액은 500조원이고 알파, 베타, 감마의 비중은 각각 70%, 20%, 10%다. 계산상 편의를 위해 알파, 베타, 감마의 주가가 모두 같다고 한다면, 알파 7주, 베타 2주, 감마 1주가 담긴 바구니는 시장 포트폴리오다.

이처럼 중요한 시장 포트폴리오의 가격 변동을 편하게 알 수 있는 방법이 없을까? 당연히 있다. 그게 바로 주가지수의 역할이다. 한국에서는 코스피, 미국이라면 S&P500 같은 게 각 국가의 대표적인 주가지수다.

주가지수는 또 다른 의미에서도 중요하다. 시장 전체를 요약하는 주가지수는 평균적인 투자자의 수익률을 구하는 용도로도 사용된다. 물론 주권을 거래하는 모든 투자자가 주가지수와 똑같은 수익률을 거두지는 않는다. 학계가 혀를 차는 현상이지만 아무리 시장 포트폴리오가 제일 낫다는 진리를 알려줘도 몇 개의 종목만 골라 투자하는 사람이 적지 않다. 이들의 수익률은 뭘 샀느냐에 따라 주가지수의 수익률보다 높기도, 또 낮기도 하다.

그럼에도 그러한 투자자들을 대표할 평균적인 보통의 투자자가 결국 주가지수의 수익률을 거둔다는 사실에는 변함이 없다. 그게 바로 평균의 성질이기 때문이다.

레버리지는 수익률을
높인다

이제 1부의 마지막 장에 다다랐다. 이번 장이 없어도 1장부터 11장까지 잘 마스터했다면 실제 투자에서 특별한 문제는 없다. 투자의 탄탄한 기본과 원리를 머릿속에 가지고 있을 것이기 때문이다.

그래도 이번 장의 내용이 없다면 뭔가 아쉬움이 있다. 모두 다는 아니지만 가장 투자 실력이 뛰어난 이들은 이번 장의 내용을 구사할 줄 안다. 꼭 이걸 언제나 해야 된다고 이야기하고 싶지는 않다. 하지만 할 줄 아는 것과 모르는 것의 차이는 크다. 배우려고 들면 배우기도 전혀 어렵지 않다.

그건 바로 레버리지leverage다. 레버리지가 무엇인지를 이야기하려면 먼저 이 사람 이야기를 하지 않을 수 없다. 기원전 3세기 사람인 시라쿠사의 아르키메데스Archimedes다. 아르키메데스는 시라쿠사 왕 히에론 2세의 고민을 해결해 준 사람이다. 히에론 2세의 왕관을 녹이지 않고 그 재료가 순금이 아닌 걸 밝혀냈기 때문이다. 목욕하다가 부력의 원리를 깨달은 아르키메데스가 벌거벗은 채로 뛰쳐나가 "헤우레카!"를 외쳤다는 일화는 유명하다.

아르키메데스가 히에론 2세에게 했다는 다음 말도 그의 알몸 달리기 못지않게 유명하다. 충분히 긴 막대기와 막대기를 괼 받침목을 주면, 지구를 움직여 보이겠다는 말이 그것이다. 막대기의 길이가 길어질수록 정비례해서 들어 올리는 힘이 세질 수 있음을 깨달았기 때문이다.

아르키메데스의 막대기가 물리 세계의 지렛대라면 레버리지는 투자 세계의 지렛대다. 레버리지라는 말이 공연히 지렛대의 레버에서 유래한 게 아니다. 지렛대로 들어 올리는 힘을 원하는 만큼 키울 수 있는 것처럼 레버리지는 수익의 크기를 원하는 만큼 키울 수 있다.

영국에서는 레버리지와 같은 뜻으로 기어링gearing이라는 말을 쓴다. 기어링의 기어는 톱니바퀴를 뜻한다. 지름이 다른 톱니바퀴를 서로 연결하면 축이 돌아가는 속력을 높일 수 있다. 여러 크기의 톱니바퀴를 모아 놓은 변속기가 하는 일이 바로 그거다. 즉 기어를 변경해 자동차의 속도를 높이는 것처럼 투자의 수익도 높일 수 있다.

그렇다면 그토록 유용한 레버리지는 구체적으로 무엇일까? 바로 돈을 빌리는 거다. 쉽게 말해 빚을 내는 걸 말한다. '뭐야, 별거 아니잖아'하고 생각할 사람이 많을 터다. 별거 아니라고 느꼈어도 괜찮다. 잘 쓰기만 하면 된다.

막상 레버리지는 현실에선 다양한 이름으로 불린다. 먼저 신용 거래가 있다. 신용 거래란 주권을 살 때 증권사에서 돈을 빌려 사는 걸 말한다. 내가 가진 돈이 가령 3000만원이어도 신용 거래를 하면 3000만원보다 큰 규모로 투자할 수 있다.

구체적인 예를 들어보겠다. 신용 거래에서 가장 중요한 변수는 보증금률 혹은 증거금율이다. 보증금률이 가령 60%라면 투자하려는 금액의 40%를 빌릴 수 있다는 의미다. 즉 내게 예수금으로 3000만원이 있다면 3000만원을 보증금률 60%로 나눈 5000만원어치의 투자가 가능하다. 달리 말해 투자액인 5000만원에서 예수금 3000만원을 뺀 차액인 2000만원을 빌려 투자한 셈이다. 예수금은 증권사 계좌에 넣어 둔 현금을 말한다.

관련하여 대용이라는 용어도 알 필요가 있다. 대용은 내가 해당 증권사에 가지고 있는 주권의 하루 전날 평가액에 60에서 80% 정도를 곱한 금액만큼 담보로 삼아 돈을 더 빌릴 수 있는 제도다. 가령 보증금률이 45%인데 현금이 5%고 대용이 40%면 예수금 5%를 뺀 나머지를 대용으로 증권사에서 빌릴 수 있다는 의미다.

그러므로 대용을 쓰면 쓰지 않을 때보다 더 큰 규모로 투자하는 게 가능해진다. 앞 사례에서 보증금률이 45%니까 나머지 55%는 이미 빌릴 수 있기 때문이다. 결과적으로 55%의 신용에 40%의 대용을 더해 투자액의 95%를 빌리는 셈이다. 만약 주권 평가액이 충분하다면

3000만원의 예수금으로 20배에 해당하는 6억원어치를 투자할 수 있다.

마진 거래도 빼놓을 수 없다. 여기서 마진은 증거금을 가리키는 또 다른 용어다. 마진 거래의 증거금율이 10%라면 나머지 90%를 빌려 투자할 수 있다. 이를 가리켜 10배의 레버리지를 일으켰다고 말하기도 한다. 내가 맡긴 현금의 열 배의 규모로 투자한다는 뜻이다.

신용 거래의 센 버전으로 미수 거래가 있다. 미수 거래는 거래 후 2 영업일 내에 돈을 갚는다는 조건으로 빌려 투자하는 걸 말한다. 가령 금요일에 주권을 샀으면 휴일인 토요일, 일요일은 세지 않고 화요일이 2영업일이다. 그 안에 돈을 갚지 않으면 증권사는 다음 날, 즉 수요일에 개장 즉시 미수 거래로 샀던 종목을 팔아 빌려준 돈을 이자와 함께 되찾아 간다. 이처럼 증권사가 강제로 파는 걸 가리켜 반대 거래라고 부른다.

궁극의 레버리지는 파생 거래에 있다. 개인이 거래할 방법이 없는 장외 파생 거래는 논외로 하더라도 퓨처스와 옵션 같은 장내 파생 거래는 개인도 거래할 수 있다. 퓨처스는 보통 10배 이상의 레버리지가 가능하다. 또 퓨처스는 공매도 했다는 욕을 먹지 않으면서 가격 하락에 베팅할 수 있다는 장점도 있다. 옵션은 수십 배 이상의 수익도 얼마든지 가능하다.

그렇다면 레버리지는 어떻게 수익률을 높이는 걸까? 원리는 간단하다. 레버리지 없이 투자할 때보다 더 많은 돈으로 투자하니까 더 큰 수익이 나는 거다. 물론 돈을 빌렸으니, 이자를 물기는 해야 한다. 하지만 베팅에 성공하면 그깟 이자쯤은 새 발의 피다.

이해를 돕기 위해 간단한 숫자 예를 들어 보겠다. 카펠라라는 자산의 수익과 손실 예상치는 각기 100%와 40%다. 수익과 손실 확률은 각각 50%로 같다. 수익률의 기댓값은 100%와 마이너스 40%에 각각 0.5를 곱한 후 더해 30%가 나온다. 그게 0보다 크므로 카펠라는 반드시 투자해야 하는 자산이다. 가령 내가 가진 돈 1억원으로 카펠라에 투자한다면 나는 1억원의 30%인 3000만원의 평균적인 수익을 기대할 수 있다.

이제 그렇게 과하지 않은 두 배의 레버리지를 사용해 보겠다. 두 배의 레버리지란 내가 가진 돈의 100%에 해당하는 돈을 빌린다는 뜻이다. 내 돈이 1억원 있으므로 그 100%인 1억원을 빌리는 거다. 결과적으로 카펠라에 투자할 돈이 2억원이 되었다.

카펠라가 수익을 내면 투자금 2억원은 4억원이 된다. 카펠라가 손실을 보면 1억2000만원으로 준다. 어느 시나리오가 발생하든 빌린 돈 1억원은 갚아야 한다. 일단은 이자가 없다는 가정 아래 빌린 돈 1억원을 갚고 나면 각각 3억원과 2000만원이 남는다.

이제 남아 있는 돈의 기댓값을 구할 차례다. 수익과 손실의 확률이 각각 50%니까 남아 있는 돈의 기댓값은 1억6000만원이다. 따라서 내가 원래 가지고 있던 1억원에 대한 수익률은 60%다. 이는 레버리지 없이 그냥 카펠라에 투자했을 때 얻는 수익률 30%의 정확히 두 배다.

10장에서 이야기했던 것처럼 세상에 공짜 점심은 없다. 돈을 빌렸는데 이자를 내지 않는다는 가정은 비현실적이다. 가령 10%의 이자를 낸다면 어떻게 될까? 1억원의 10%는 1000만원이므로 남아 있는 돈의 기댓값은 1억5000만원이다. 수익률은 50%로 이자가 없다고 가정했을 때보다 10%포인트 줄어들지만 여전히 레버리지 없이 투자했을 때보다는 높다.

만약 50%라는 수익률이 만족스럽지 않다면 어떻게 해야 할까? 그때는 원하는 만큼 그리고 증권사나 세상이 허용해 주는 만큼 레버리지를 높이면 된다. 레버리지는 수익률을 높이는 확실하고 유용한 손잡이다.

새로운 투자

[기초 편]

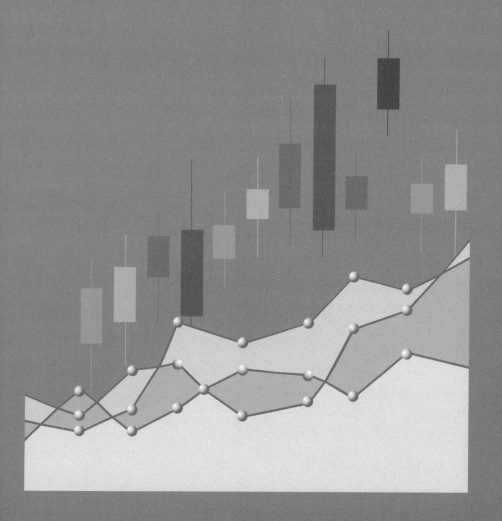

투자는 목적이 있는 자본을
제공하는 행위

    이제 이 책의 2부인 '새로운 투자: 기초 편'의 시작이다. 들어가는 말에서 이미 밝혔듯이 이 책의 2부 각 장은 1부 '과거의 투자'와 순서대로 쌍을 이룬다. 즉 이번 장은 1장의 대구對句에 해당한다. 1장의 제목은 투자는 가격이 오를 자산을 사는 행위였다.

    더 많은 돈만을 목표로 가격이 오를 자산을 사는 행위는 틀림없이 존재한다. 그런 게 없다고 말하는 건 현실과 맞지 않는다. 단적인 예로 자산운용사 같은 금융회사가 하는 일이 바로 그렇다.

    그렇지만 모든 투자가 더 많은 돈만을 목표로 한다는 말 역시 현실과 맞지 않는다. 그러한 목적만 가지고는 설명할 수 없는 다른 투자가 실재하기 때문이다. 투자란 오직 더 많은 돈만을 목표해야 한다는 말은 새로운 투자를 그리기에는 캔버스가 너무 작다.

투자의 한자를 풀어 보면 '재물을 던진다'로 옮길 수 있다고 1장에서 이야기했다. 거기서 집중했던 글자는 '던질 투'였다. 즉 투자의 결과는 투수의 투구처럼 불확실하다. 그러한 사실은 새로운 투자라고 해서 달라지지 않는다. 투자의 결과는 여전히 확정되어 있지 않다.

이번 장에서 집중할 글자는 '재물 자貨'다. 재물 자는 뜻을 나타내는 '조개 패貝'와 소리에 해당하는 '버금 차次'가 결합한 문자다. 조금 더 자세히 살펴보면 '조개 패'는 귀한 물건을 상징하는 문자고 '버금 차'는 입에 침을 튀겨가며 말하는 모습을 나타낸다. 해당 한자를 누구나 침을 흘릴 만한 재물로 해석하는 이유다.

그런데 '재물 자'가 들어간 단어는 하나가 아니다. 얼핏 생각해 봐도 자금, 자산, 자본 같은 단어들이 있다. 게다가 이들의 의미는 서로 확연히 다르다. 또 각기 대응하는 영어 단어도 구별된다. 이 세 단어를 자세히 따져 보는 건 새로운 투자를 이해하는 데 도움이 된다.

먼저 자금은 쉽게 말해 돈이다. 1993년 2월 12일에 나온《행정 용어 순화 편람》에 따르면 자금 대신으로 될 수 있으면 순화한 용어 돈을 쓰라고 되어 있다. 자금을 영어로 옮기면 당연히 머니money다. 자금은 돈 그 이상도 그 이하도 아니다.

다음으로 자산은 개인이나 기업이 소유하고 있는 경제적 가치가 있는 유형, 무형의 재산이다. 한마디로 가지고 있는 것 중 팔아서 돈으로 바꾸는 게 가능한 물건이다. 자산의 가격은 시간이 감에 따라 변할 수 있다. 자산은 영어로 애셋asset이다.

마지막으로 자본은 사업의 기본이 되는 돈이다. 사업을 하려면 회사를 세워야 하고 회사를 세우려면 초기 자본금 혹은 창업 자본이 필요하다. 예전에 한국에서 주식회사를 세우려면 최소 5000만원의 자본금이 있어야 했다. 지금은 그런 제한이 없다. 말하자면 단돈 100원으로도 주식회사를 세울 수 있다.

자본금이 100원인 회사가 실제의 비즈니스를 할 수 있음까? 그렇지는 않다. 비즈니스를 하려면 돈이 드는데 그런 회사는 비용을 감당할 자본이 100원밖에 없기 때문이다. 이런 회사는 거의 예외 없이 탈세나 비자금 조성 등의 목적으로 세워진 페이퍼 컴퍼니 혹은 유령 회사다. 이걸 우아하게 부르는 이름이 특수 목적 법인이다.

실제의 비즈니스는 의미 있는 규모의 자본이 필요하다. 그러한 현실을 감안해 일부 업종은 최소 자본금이 법규로 정해져 있다. 가령 일반여행업에 속하는 회사를 세우려면 1억원이 필요하고 국제물류창고업을 하는 회사를 만들려면 3억원이 필요하다.

자본으로 번역되는 영어 단어는 두 개다. 그중 하나는 3장에 나왔던 스톡이다. 스톡은 출자자가 내놓아 회사의 소유가 된 돈을 가리킨다. 다른 하나는 캐피털capital이다. 캐피털은 머리를 뜻하는 라틴어 카푸트에서 유래한 단어다. 머리를 뜻하는 만큼 첫째, 최고라는 뜻도 따라왔다. 캐피털에 재물과 관련된 자본의 의미가 생긴 건 17세기 초반이다. 캐피털은 가령 기계나 배 같은 물건도 될 수 있고 또 땅이나 건물도 될 수 있다. 이런 걸 회사의 자본으로 삼는 현물 출자라는 용어가 있을 정도다.

자금, 자산, 자본이 무엇이 다른지 간단한 사례로 설명하겠다. 우주 로켓을 개발하겠다는 원대한 꿈을 가진 엔지니어 세 명이 모여 1억원의 돈으로 회사 벨라트릭스를 세웠다. 그 1억원은 우선 자본이다. 동시에 회사가 가진 돈이기도 하니까 자금도 된다. 예금으로 가지고 있을 그 돈은 회계 관점에서는 현금성 자산으로 분류되나 가격이 변할 수 없으므로 앞에서 이야기한 자산의 일부로 보기는 어렵다. 즉 이 단계에서 벨라트릭스가 가진 돈 1억원은 무엇보다도 본질이 자본이고 동시에 자금이기도 하지만 자산은 아니다.

이어 세 창업자는 회사 운영에 쓰려고 5000만원의 돈을 은행에서 빌렸다. 돈을 빌린 주체가 세 창업자 개인이 아닌 회사라는 게 핵심이다. 이제 벨라트릭스의 예금 잔고는 1억5000만원으로 늘어났다. 물론 갚아야 할 돈의 원금 역시 5000만원이다.

벨라트릭스의 자본에 변화가 있을까? 그렇지는 않다. 빌린 돈은 당장의 예금 잔고는 늘리지만 갚아야 할 돈이라 자본이 될 수 없다. 그러므로 자본은 여전히 1억원이다. 반면 자금은 예금 잔고가 늘어난 만큼 따라 는다. 즉 자금은 1억5000만원이다. 자산은 현금 1억5000만원을 논외로 한다면 아직도 아무것도 없다.

이제 벨라트릭스는 로켓 개발에 사용할 슈퍼컴퓨터를 8000만원을 들여 샀다. 되팔면 돈이 생기는 슈퍼컴퓨터는 자산이다. 즉 벨라트릭스는 8000만원짜리 자산을 가지고 있다. 자본은 여전히 1억원이고 자금은 슈퍼컴퓨터를 사느라 쓴 돈을 빼고 남은 7000만원으로 줄었다.

벨라트릭스가 가진 자산 8000만원과 자금 7000만원을 합한 1억5000만원은 세 창업자가 낸 자본 1억원과 은행에서 빌린 돈 5000만원의 합과 같다.

이처럼 자금, 자산, 자본은 같은 '재물 자'를 가지지만 의미에 차이가 있다. 그 말은 투자의 '자'를 무엇으로 보느냐에 따라 투자의 의미도 달라진다는 뜻이다. 가령 투자의 '자'를 자금이나 자산으로 본다면 1장에서 이야기한 투자가 된다. 좀 더 엄밀히 말해 더 많은 돈만을 목표로 하는 투자는 자금을 들여 값이 오를 자산을 사는 행위다.

투자의 '자'를 자금이나 자산이 아닌 자본으로 본다면 1장의 투자와는 다른 투자가 된다. 왜냐하면 자본은 자금과는 달리 돈 외의 목적을 가지기 때문이다. 가령 앞의 벨라트릭스는 유명한 별자리 오리온의 감마별인 벨라트릭스처럼 환히 빛나는 우주 로켓을 만들겠다는 목표가 있었다. 파란색과 흰색으로 빛나는 벨라트릭스는 눈에 보이는 겉보기 등급이 1.64다. 밤하늘에서 벨라트릭스보다 밝은 항성은 스물여섯 개뿐이다.

물론 벨라트릭스 같은 꿈 없이 단순히 돈을 많이 벌어보겠다는 생각으로 생기는 회사도 없지는 않을 터다. 회사를 하는 유일한 목표가 그저 더 많은 돈이라면 그 회사의 비즈니스는 본질이 금융업이다. 그건 1장의 투자와 다르지 않다.

그렇다고 모든 회사가 돈만을 목표한다고 이야기하기는 지나치다. 일례로 젠슨 황이 엔비디아를 세우면서 기술을 통한 세상의 변화나 개인의 성취를 생각하지 않고 돈만 목표했다고 말하는 건 엔지니어가 어떤 사람인지 모르는 무지의 소치다.

그래서 똑같은 투자라는 단어를 쓰지만 경제학의 투자와 경영학의 재무론 혹은 투자론의 투자는 서로 다르다. 투자론의 투자가 1장의 투자라면 경제학의 투자는 자본을 던지는 일이다. 그렇기 때문에 상장된 주권 같은 금융 자산을 사는 건 경제학에서 투자가 아니다.

개인이나 가정을 생각해 봐도 오직 돈만이 목표인 1장의 투자는 너무 저차원이다. 개인이라면 미래의 삶의 성취를 위해 지금 시간을 들여 애를 쓰고 교육을 받는 게 대표적인 투자다. 이때의 자본은 교육을 받느라 쓴 돈은 물론이거니와 들인 시간과 수고도 포괄하는 개념이다. 그렇게 받는 교육의 유일한 목표가 단순히 돈일까? 그런 삶을 산다면 실로 불쌍한 일이다. 돈도 목표의 하나는 될 수 있겠지만 그 외 다른 차원의 목표가 없다면 안타깝다.

가정도 그렇다. 결혼한 부부가 빚을 져서라도 집을 사는 건 오직 부동산으로 떼돈을 벌어보겠다는 것만이 아니다. 태어날 혹은 이미 태어난 아이들이 안정감을 느끼며 자랄 환경을 만들어 주고 싶다는 또 다른 차원이 있다.

모름지기 투자란 선대로부터 물려받은 걸 잘 가꿔서 다음 세대에게 넘겨주는 일이기도 하다. 대학을 예로 들자면 배움의 추구, 진리의 탐구, 지성의 함양 등에서 교수와 학생들이 쌓아 온 명성과 전통을 이어나가는 게 될 터다. 사립 대학은 그러한 대학 본연의 사명에 이바지하려는 뜻에서 기금을 운용한다. 대학 기금의 시야가 일반적인 금융 회사와 다른 이유다.

한 예로 역사 깊은 대학의 기금에서 전 세계 굴지의 투자 회사에 질문지를 보냈다. 각 회사의 투자 철학을 파악해 운용을 맡길 회사를 고르려는 생각이었다. 그중에는 투자 결정을 내릴 때 얼마나 긴 기간을 장기로 보는지를 묻는 말도 있었다.

어떤 대답을 들었을까? 거의 모두 3년이라고 답했다. 예외적으로 한 회사가 5년을 말했다. 그 회사는 자기들처럼 5년이라고 답할 투자 회사가 거의 없으리라 확신했다. 이 모두는 대학 기금이 보기에 실망스러운 대답이었다. 수백 년을 존속해 온 대학의 시간 단위는 년이 아니라 세대기 때문이었다.

그래도 사람들의 목표는 더 많은 돈 아닐까? 메이저리그 선수들을 대상으로 설문 조사를 한 적이 있었다. 최고의 야구 선수가 되기 위해 고달픈 연습을 마다하지 않는 이유가 무엇인지 물은 거였다. 가장 많은 대답은 "먹고 살기 위해서"였다. '거봐라, 돈이 제일 중요하지 않냐?'하고 생각할 것 같다.

그런데 그 대답만 나오지는 않았다. "명예를 드날리고 싶어서"나 "내 능력을 세상에 증명하려고"도 적지 않게 나왔다. "먹고 살기 위해서"를 첫째로 꼽은 선수도 명예나 성취를 동시에 신경 썼을 공산이 크다. 제대로 된 삶은 돈이라는 단순한 잣대 하나만으로 축소되지 않는다. 거기에는 돈 이상의 다양한 여러 차원이 있기 마련이다.

그래도 합리적으로 인정될 회사의 유일한 목적은 주주 이익의 극대화가 아닐까? 과거의 20세기에는 그런 말을 아무렇지 않게 했다. 새로운 현재에선 그렇지 않다. 회사가 돈을 벌어야 하는 이유는 회사의 미션을 계속해서 수행하기 위한 제약 조건이기 때문이다. 이는 사람과도 비슷하다. 사람이 살면서 뭔가를 하려면 음식을 먹지 않을 수 없다. 그렇다고 사람의 유일한 목적이 무한대로 몸무게를 늘리는 거라고 이야기하기는 가소롭다.

투자는 그래서 목적이 있는 자본을 제공하는 행위다. 역설적으로 진짜로 큰 부는 돈만 좇지 않았을 때 생긴다.

은행 예금은 파산을 면하게 해 주는 든든한 쿠션

2장에서 살펴봤듯이 금융학계와 업계는 은행 예금이 투자가 아니라는 데에 한목소리다. 투자는 손실 가능성이 있어야 하는데 예금은 국가가 운영하는 예금자 보호 제도 때문에 그 가능성이 사라진다는 이유다. 물론 예금자 보호 제도가 무제한은 아니다. 은행 한 곳당 원금과 이자를 합쳐 1억원까지다.

혹시 헷갈리는 사람이 있을까 봐 조금 더 설명하자면 은행은 지점이 달라도 결국은 하나다. 쉽게 말해 서울 남대문 옆의 신한은행 지점에서 9000만원으로 예금을 들고 대전으로 가 엑스포 과학공원 옆의 신한은행 지점에서 새로운 예금 계좌를 열고 9000만원을 추가로 저축했다. 새로운 예금 계좌라는 건 계좌 번호가 다른 걸로 확인할 수 있다.

그러면 이 사람은 자신의 예금 원금 1억8000만원 모두에 예금자 보호를 받을 수 있을까? 안타깝게도 그렇지 않다. 다른 지점에서 예금을 들어도 결국은 신한은행의 예금 계좌다. 신한은행 남대문지점과 신한은행 엑스포타워금융센터가 별개의 은행이 아니라는 이야기다. 다시 말해 주민등록번호 기준으로 신한은행에 있는 모든 예금을 합산해 1억원까지만 보호된다.

한국에서 예금자 보호 제도가 적용되는 금융 회사는 은행만이 아니다. 2장에서 이미 언급했듯이 저축은행의 예금도 똑같은 1억원의 한도로 보호된다. 그뿐만이 아니다. 시중은행이 아닌 농협은행과 수협은행의 예금도 동일한 조건이다. 심지어 증권 회사와 보험 회사도 여기에 속한다.

단 모든 게 보호되지는 않는다. 가령 증권 회사의 증권 계좌로 산 주권이나 채권, 펀드 등은 예금자 보호 제도와 무관하다. 왜냐하면 그런 금융 자산은 예금이 아니기 때문이다. 그럼, 뭐가 보호될까? 주를 살리려고 증권사로 보내 놓은 돈인 예수금만 1억원까지 보호된다. 예수금은 '미리 받은 돈'이라는 뜻으로 '맡긴 돈'인 예금과 의미는 다르다. 즉 예수금의 예는 예금의 예와 다른 한자다. 하여튼 예수금은 예금자 보호 대상이다.

보험 회사가 예금자 보호 대상에 포함되는 건 다른 나라와 비교해볼 때 이례적이다. 여하간 보험도 모든 걸 대상으로 하지는 않는다. 가령 생명 보험사가 주로 하는 변액 보험은 예금자 보호의 대상이 아니다. 변액이라는 말이 증명하듯 이는 투자 결과에 따라 나중에 받을 보험금이 달라지는 투자 상품이라서다. 또한 변액 보험이 아니라도 보험을 든 계약자와 보험료 납부자가 개인이 아닌 법인이면 또 보호 대상이 아니다.

여기에 추가할 사항이 조금 더 있다. 먼저 개인이 직접 운용 지시를 내리는 확정 기여형과 개인형 퇴직 연금에서 예금으로 운용하면 별개로 1억원까지 예금자 보호를 받는다. 예를 들어, 신한은행에 예금 9000만원이 있는 상태에서 확정 기여형이나 개인형 퇴직 연금 계좌로 신한은행의 예금에 9000만원을 들면 두 예금 모두 각각 예금자 보호의 대상이 된다.

또한 연금 저축도 위 퇴직 연금과 마찬가지로 처리된다. 위 사람이 신한은행에서 원리금 보장형의 연금 저축 신탁에 가입하면 이 또한 별개로 1억원까지 보호된다. 같은 연금 저축이어도 가령 원금 손실이 날 수 있는 자산에 투자하는 연금 저축 펀드는 예금자 보호를 받지 못한다.

예금자 보호가 되는 예금을 드는 데 실력이 필요할까? 그렇게 이야기하기는 무리다. 예금을 드는 데 무슨 자격이나 특별한 공부가 필요한 건 아니다. 일례로 초등학생도 예금은 들려고 하면 들 수 있다.

물론 예금도 어디에 드느냐에 따라 이자율이 조금씩 다르다. 특히 저축은행에 돈을 맡기면 시중은행보다 더 많은 이자를 받을 수 있다. 하지만 그걸 대단한 실력이라고 보기도 뭐하다. 홈페이지 찾아보고 숫자 읽는 게 전부라서다.

엄밀히 말해 예금자 보호 제도는 금융 회사가 약속한 원금과 이자 전체를 보장하지는 않는다. 가령 막상 저축은행이 부도나면 1억원 이내라고 해도 저축은행이 약속했던 이자를 다 받지는 못하고 정부가 정한 낮은 이자율에 따라 받을 뿐이다.

실력이 필요한 일이 아니라고 해서 대수롭지 않게 여기는 건 생각이 짧다. 가령 공짜처럼 누린다고 해서 공기와 물의 중요성이 어디 가는 건 아니다. 공기와 물이 없으면 채 얼마 살지 못하는 게 사람이다. 원금이 보호되는 예금은 금융의 공기와 물이라고 말할 만하다.

원금이 보호되는 예금이 그렇게 대단한 걸까? 역사적으로 보면 그렇다. 과거 사람들은 이런 혜택을 누리고 싶어도 누리지를 못했다. 예금자 보호 제도가 최초로 생긴 해는 1933년이다. 미국 대공황 시기에 대통령이 된 프랭클린 루즈벨트가 연방예금보험공사를 설립한 게 그 시작이다. 그러니까 원금이 보호되는 예금은 아직 100년이 되지 않았다.

예금자 보호 제도가 없던 시절, 사람들은 금융 영역에서 늘 불안정한 처지였다. 애써 모은 돈을 안전하게 보관할 방법이 마땅치 않은 탓이었다. 앞에서도 이야기했지만, 돈을 집에 보관하는 건 강도와 도둑을 부르는 일이었다. 또 집에 불이라도 나면 모든 게 재로 변했다.

돈을 집에 둘 수 없다면 그다음으로 할 수 있는 건 은행에 맡기는 거였다. 이것도 완벽한 해법은 못되었다. 19세기 미국 서부를 예로 들면, 금고에 돈이 많다고 소문난 은행 지점은 곧잘 은행 강도의 공격을 받았다.

　가령 대낮에 은행을 턴 최초의 인물인 제시 제임스는 배신자의 총에 맞아 죽을 때까지 15년간 십수 곳의 은행을 털었다. 또 폴 뉴먼Paul Newman과 로버트 레드포드Robert Redford가 주연한 영화 《내일을 향해 쏴라》의 실존 인물인 로버트 파커Robert Parker, a.k.a. Butch Cassidy와 해리 롱어보Harry Longabaugh, a.k.a. Sundance Kid는 기차 강도가 전문이었지만 은행도 심심치 않게 털었다.

　무장 강도의 습격을 받지 않는다고 해도 은행은 여러 이유로 종종 망했다. 은행 직원이 돈을 들고 잠적하거나 돈을 빌려 간 사람이 떼먹고 달아나는 게 흔한 이유였다. 일례로 16세기 유럽에서 돈 많은 걸로 명성을 떨쳤던 푸거 일가와 벨저 일가가 한순간에 몰락한 건 돈을 빌린 에스파냐 왕이 입을 씻은 탓이었다.

　무엇보다도 은행이 망하는 가장 결정적인 이유는 은행이 가지지도 않은 돈을 대출한 때문이다. 은행이 안 좋다는 소문이 돌면 사람들은 늦기 전에 예금을 빼려고 한다. 그러한 행동은 가지고 있는 돈이 얼마 안 되는 은행을 확실히 망하게 한다.

　자산 규모나 시가 총액이 전 세계 1위인 은행이라도 사람들이 돈을 빼기 시작하면 반드시 지급 불능에 빠진다. 지급 불능이 발생하면 은행이 양질의 자산을 가지고 있다는 사실은 더 이상 중요하지 않다. 그건 그저 부도난 은행이다. 달리 말해 예금을 모두 일시에 돌려줄 수 있는 은행은 세상 어디에도 없다. 즉 예금자 보호 제도 없이 완전히 안전한 은행은 존재하지 않는다.

돈을 안전하게 지킬 수 없는 건 금이나 은 같은 귀금속이나 보석도 마찬가지다. 일단 집이나 은행 대여 금고에 보관하는 건 돈과 똑같은 문제가 있다. 다른 문제도 있다. 귀금속의 가격은 계속 변한다. 가령 1억원을 모았다고 생각했는데 막상 돈으로 바꾸려 하니 5000만원만 쥐게 되는 일이 벌어질 수 있다. 달리 말해 피란이나 도주 등의 만일을 대비하려고 소액의 금은붙이를 가지는 것 외에 다른 쓰임이 있기 어렵다.

레프 톨스토이Lev Tolstoy의 소설《안나 카레니나》의 첫 문장은 다음과 같다. "행복한 가정은 모두 엇비슷하고, 불행한 가정은 불행한 이유가 제각기 다르다." 개인의 투자도 이와 비슷하지만, 앞뒤가 바뀌어 있다. 투자에 성공한 개인의 이유는 제각기 다른 반면, 투자에 실패해 파산한 개인은 이유가 단 하나다. 가진 돈이 다 떨어져서다.

예금은 이러한 파산을 막는다. 얼마가 되었건 예금이 남아 있다면 재무적으로 완전히 파산한 상태는 아니다. 그런 예금은 새로운 시작을 가능하게 하는 투자의 종잣돈이 될 수 있다. 예금이 남아 있는데도 파산을 면하지 못하는 사람이 없는 건 아니다. 그건 예금이 잘못해서가 아니라 그 사람이 예금 이상으로 빚을 진 탓이다.

그래서 예금을 드는 게 투자에 해당하냐는 질문은 지엽적이다. 어떤 일이 벌어져도 파산하지 않을 조건을 만들어 두는 건 투자의 기본이기 때문이다. 그런 면으로 예금은 투자자가 기댈 수 있는 든든한 쿠션과도 같다. 투자하면서 파산하지 않아야 돈 이외의 가지고 있는 목적을 챙길 수 있음은 당연하다.

한편 예금자 보호 제도의 한도가 너무 작다고 느낄 사람도 있을 것 같다. 쪼개어 맡기는 데에도 한계가 있기 때문이다. 알고 보면 여기에도 해결책이 있다. 국가가 직접 운영하는 우체국 예금은 한도가 없다. 우체국에 맡긴 돈은 국가가 망하지 않는 한 그게 얼마든 100% 국가가 원금과 이자의 전액을 보장한다.

주권은 단기 이익이 목표면
도박

   이번 장부터 본격적으로 투자 자산을 들여다보려 한다. 앞 장에서 살펴본 예금과 주권 같은 투자 자산 사이에는 확실한 차이가 있다. 전자는 손실을 걱정하지 않아도 되지만 후자는 손실 가능성을 따지지 않을 수 없다. 앞으로 가격이 얼마가 될지 확신할 수 없다는 게 투자 자산의 근본 성질이기 때문이다. 달리 말해 투자의 결과는 확정되어 있지 않다.

   예금과 투자 자산을 비교하는 또 다른 축은 실력의 존재 여부다. 앞 장에서 이야기한 것처럼 예금의 가입은 실력이 요구되는 일은 아니다. 투자는 어떨까? 투자의 결과가 언제나 확실하다면 거기엔 운이나 무작위가 끼어들 여지가 없다. 그럴 때는 모든 게 실력 때문이라고 말해도 지나치지 않는다.

하지만 실제의 투자 결과는 불확실하다. 그러니까 투자에는 운이 좌우하는 부분이 분명히 있다. 그렇다고 실력 혹은 기량이 아예 상관없다고 이야기하는 것도 지나치다. 일례로, 워런 버핏과 찰리 멍거 Charlie Munger의 버크셔해서웨이가 지난 약 60년간 올린 투자 성과를 보면 적어도 이 둘만큼은 기량이 있다는 걸 부인하기 어렵다.

왜 투자 세계에서 버핏이 오러클, 즉 그리스 신들의 계시를 전하는 무당으로 떠받들어지는지 한번 따져 보겠다. 1965년 버핏이 인수할 때 버크셔해서웨이의 주가는 19달러였다. 반면 2024년 8월의 주가는 67만2400달러다. 즉 59년 동안 버크셔해서웨이의 주가는 3만5천 배 넘게 올랐다. 이를 연 복리로 환산하면 매년 약 19%의 수익률을 얻은 것과 같다.

연 19%는 눈이 휘둥그레질 정도는 아니지만 괜찮은 숫자다. 이런 수익률을 4년 내내 거둘 수 있으면 재산이 두 배가 된다. 사회 초년생이 직장 생활을 시작해 꾸준히 20년을 다닌다고 할 때, 그 기간 연 19%의 수익률을 계속 얻으면 재산을 서른두 곱절로 불릴 수 있다. 가령 종잣돈 1억원으로 시작했으면 32억원의 돈을 가지게 된다.

더 놀라운 건 이 숫자가 59년이라는 오랜 기간에 걸쳐 달성됐다는 점이다. 59년이라는 기간은 해적으로 유명한 나라 소말리아의 기대수명보다도 길다. 국제 연합의 통계에 따르면 2023년에 태어난 소말리아 신생아의 앞으로의 평균 생존 기간이 58.82년이다. 결혼의 평균

지속 기간이 약 8년인 미국인은 그 기간동안 모두 일곱 번 이상 결혼식을 올린다.

기량에 관한 예금과 투자 자산 사이 관계를 바로 볼 한 가지 방법은 도박에 비유하는 거다. 카지노에서 할 수 있는 도박은 한둘이 아니다. 원반을 돌리는 룰렛, 주사위 두 개를 던지는 크랩스, 카지노 직원인 딜러와 카드 패로 겨루는 블랙잭 등이 대표적이다. 그중 예금 및 투자 자산에 비유할 만한 건 각각 슬롯머신과 포커다.

슬롯머신은 카지노를 대표하는 혼자 하는 도박이다. 일례로 도박의 성지 미국 라스베이거스의 해리 리드 국제공항에 가면 대합실에도 슬롯머신이 온갖 곳에 깔려 있다. 일본에서 많이 하는 파친코도 슬롯머신과 비슷한 성격의 도박이다.

슬롯머신은 진입 장벽이 아예 없다. 해 본 적 없고 규칙을 몰라도 슬롯머신을 시작하는 데 아무런 어려움이 없다는 뜻이다. 기계의 손잡이나 버튼을 당기거나 누르는 게 전부라서다. 손잡이를 당기면 세 개의 원통이 회전하는데 가령 원통의 그림이 셋 다 일치하면 잭팟, 즉 큰돈을 딴다. 슬롯머신의 결과는 거의 온전히 우연에 따른다. 즉 슬롯머신에서 잭팟을 터트릴 기량은 존재하지 않는다고 해도 과언이 아니다.

포커는 다르다. 내 패와 남 패의 확률을 계산할 능력, 앞에 나왔던 카드의 종류를 기억할 능력, 상대방의 돈 거는 패턴을 파악할 능력, 내 돈 거는 패턴이 노출되지 않도록 어느 정도의 무작위를 연출할 능력, 상황에 맞춰 거는 돈을 적절히 조절할 능력, 푼돈 욕심내느라 목돈을 위험에 빠트리지 않도록 마음을 다스릴 능력 등이 골고루 필요하다.

포커에 기량이 존재한다는 한 가지 증거는 프로 포커 선수다. 이들은 일정한 참가비를 내고 토너먼트 방식의 상금이 걸린 대회에서 서로의 실력을 겨룬다. 그런 대회 중 가장 유명하고 권위 있는 건 바로 라스베이거스 옆 동네인 파라다이스에서 열리는 월드시리즈오브포커 World Series of Poker다. 즉 미국 프로야구 메이저리그에서 최종 우승팀을 가리는 월드시리즈 같은 포커의 월드시리즈인 셈이다.

월드시리즈오브포커 같은 포커 대회를 보면 상수와 하수가 나뉜다. 상수는 모든 판에서 이기진 않지만 결국은 살아남아 상위의 포커 테이블에서 대결을 벌인다. 하수는 어쩌다 크게 이길 때도 있고 좋은 패가 줄줄이 나와 계속 이길 때도 있지만 결국 무리하고 무모한 베팅으로 한 방에 나가떨어져 탈락한다. 예년에 1, 2차전에서 탈락하던 하수가 갑자기 최종 결승 테이블까지 오르는 일은 극히 드물다.

요약하면 슬롯머신은 거의 100% 운 소관이고 포커는 모든 게 운은 아니다. 달리 말해 슬롯머신은 기량과 무관하고 포커는 운도 작용하지만 기량도 결과에 영향을 준다. 가령 월드시리즈오브포커의 우승자도 운 나쁘게 밤새도록 밟힐 패만 계속 받으면 별로 어찌할 도리가 없다. 그래도 포커의 상수는 그런 악조건 속에서도 덜 잃을 방법을 꾸준히 찾으려 한다.

흥미롭게도 포커의 이러한 성질을 따져 본 곳이 있다. 바로 미국 연방 법원이다. 일단 기본적인 사실 몇 가지를 명확히 하겠다. 도박은 영어로 갬블링gambling 혹은 게이밍gaming이다. 미국에서 도박은 이른바 도박법의 규제 아래에 있다. 도박법은 연방과 주 수준 모두에서 규정된다.

가장 상위의 연방 관습법은 도박을 '게임 오브 찬스game of chance', 즉 우연의 게임으로 인식한다. 영어의 찬스는 프랑스어 샹스chance를 철자도 바꾸지 않고 그대로 발음만 바꾼 단어다. 샹스는 주사위 던지기를 뜻한다. 유럽인들은 예전부터 도박을 벌일 때 주사위를 던졌다. 일례로 율리우스 카이사르Julius Caesar가 로마로 진군하기에 앞서 루비콘강 앞에서 말했다는 "야크타 알레아 에스트iacta alea est"는 그 뜻이 "주사위는 던져졌다"다.

미국에서 도박은 허용되는 부분이 있지만 완전히 자유는 아니다. 예를 들어 도박이 행해지는 카지노는 미국의 총 50개 주 중 24개에만 있고 나머지 26개 주에서는 금지되어 있다. 희한하게도 아메리카 원주민이 운영하는 카지노는 별도의 연방법에 의해서 합법이다.

그중 뉴욕주를 예를 들어 보겠다. 뉴욕주법에 의하면 도박 사업 면허 없이 포커를 상업적으로 홍보해 이익을 취하는 행위는 불법이다. 쉽게 말해 허가된 카지노가 아니라면 돈내기 포커를 주관해서는 안 된다.

2011년 로런스 디크리스티나Lawrence DiCristina는 뉴욕에서 무허가 포커 도박장을 운영한 혐의로 기소되었다. 기소된 죄 중 하나는 연방법인 불법도박사업법의 위반이었다. 1970년에 시행된 불법도박사업법은 불법 도박 사업의 영위, 자금 마련, 지휘, 지도, 혹은 소유한 자에게 벌금형 혹은 5년 초과의 징역형을 지운다. 불법도박사업법은 마피아 같은 범죄 조직을 소탕하기 위해 만들어진 일명 리코법의 일부다.

디크리스티나는 법정에서 불법도박사업법의 적용이 부당하다고 주장했다. 디크리스티나의 논거는 포커는 연방 관습법상 우연의 게임이 아니라 '게임 오브 스킬game of skill', 즉 기량의 게임이라는 거였다. 실제로 불법도박사업법은 도박의 예시로 슬롯머신, 룰렛, 주사위 노름, 로또, 숫자 세 개를 맞추는 일명 넘버스 래킷 등을 들었을 뿐 포커는 거론하지 않는다.

브루클린 연방 지방 법원의 판사 잭 와인스틴Jack B. Weinstein은 2012년 디크리스티나의 손을 들어 올렸다. 포커가 우연의 게임이라는 걸 검사가 의심의 여지 없이 증명하지 않는 한 이는 기량의 게임으로 봄이 타당하다는 거였다.

와인스틴의 판결은 이후 뒤집혔다. 2013년 연방 항소 법원은 포커가 기량의 게임인 건 인정하면서도 불법도박사업법의 적용에는 문제가 없다고 선고했다. 뉴욕주법에 포커가 도박이라고 규정되어 있다는 게 연방 항소 법원의 논거였다. 이는 상위의 연방 관습법이 하위의 주법 밑에 놓이는 이상한 결론이었다. 디크리스티나는 상고했지만 2014년 미국 연방 대법원은 상고를 기각했다.

법이 세상의 유일한 잣대는 아니다. 법이란 사회가 잘 돌아가도록 마련해 놓은 최소한의 규칙일 뿐이라서다. 대법원의 판결이 마치 모든 차원의 최종 결론인 양 우기는 법 청부업자들의 주장은 하찮다.

가령 법적으로는 문제가 없어도 윤리적으로 문제가 될 일은 쌔고 썼다. 윤리의 윤倫은 사람의 도리를 뜻한다. 오른쪽의 생각할 륜倫은 둥글다는 뜻이 있다. 둥글게 말아놓은 죽간, 즉 대나무 조각을 엮어서 만든 책을 형상화한 문자이기 때문이다. 둥글다는 건 너와 나의 처지를 바꿔 생각할 줄 아는 걸 의미한다. 경제학의 아버지 애덤 스미스 Adam Smith는《국부론》을 쓰기에 앞서《윤리감정론》을 썼다. 윤리가 선행되어야 자본주의가 가능하다는 뜻이었다.

3장에서 주권의 거래는 도박이 아니라고 했었다. 형법에 규정된 도박에 주권이 나오지 않고 또 자본시장법에 주권의 매매와 중개가 나온다는 이유였다. 법률 관점에서는 그럴지 모르나 그게 본질까지 가릴 수는 없다. 상장된 주권을 증권 회사를 통해 산 사람의 마음과 슬롯머신을 당기는 사람의 마음 사이에는 차이가 없다. 유일한 목표는 더 많은 돈이다.

슬롯머신부터 룰렛까지 카지노의 우연의 게임에는 또 다른 공통점이 있다. 바로 이익의 신속성이다. 도박치고 결과가 빨리 나오지 않는 건 없다. 가령 10년 뒤에 손익이 결정된다는 도박을 신나서 할 사람은 없을 터다. 우리가 뭔가를 두고 도박이라는 말을 쓰는 건 그게 단기적 이익만을 목표하기 때문이다. 도박엔 다른 목표는 없다.

그래서 주권 같은 금융 자산을 단기 이익을 목표로 산다면 그건 도박이다.

수익의 누적을 따지니까
과학적 투자

　과학은 사전에 따르면 보편적인 진리나 법칙의 발견을 목표하는 체계적인 지식이다. 보편적인 진리나 법칙이 필요하지 않다고 생각할 사람은 드물다. 체계적인 지식에 대해서도 마찬가지다. 과학은 가질 수 있다면 당연히 가져야 할 대상이다.

　현대의 과학자들은 과학을 과학적 방법을 따른 결과로 이해한다. 과학적 방법이란 지식을 만들어내는 특정한 방식을 가리킨다. 보다 구체적으로 이는 1) 현상을 설명할 수 있는 가설을 세우고 2) 그 가설을 실험을 통해 검증하는 두 단계의 과정으로 이루어진다. 이 과정을 통해 생성된 이론이 과학이라는 체계적 지식을 구성한다는 이야기다.

투자를 이야기하다 말고 갑자기 웬 느닷없는 과학 타령인가 싶을 것 같다. 이유가 있다. 투자가 과학이 될 수 있을지, 그리고 만약 될 수 있다면 그 방법이 무엇인지를 소상히 따져 보려 하기 때문이다. 그러려면 먼저 과학이 뭔지를 알 필요가 있다.

객관적인 경험으로써 보편적인 진리를 발견하는 게 과학이라는 생각은 얼마나 오래되었을까? 생각만큼 오래되지는 않았다. 과학, 즉 영어의 사이언스라는 단어가 생긴 건 16세기의 니콜라우스 코페르니쿠스Nicolaus Copernicus와 때를 같이 한다.

1543년 코페르니쿠스는《천구의 회전에 관하여》라는 책을 냈다. 쓰기는 진즉에 써 놓았지만, 책 내용이 가톨릭 성직자라는 자신의 직분에 맞지 않는다고 보고 죽기 직전까지 출간을 미룬 거였다. 그럴 만했다. 천여 년간 절대적 진리로 여겨 왔던 천동설을 뒤집는 지동설을 가설로서 그 책에서 제시하였기 때문이었다.

코페르니쿠스는 자신의 책이 일으킬 논란을 줄여 보려고 일부러 책을 교종 바오로 3세에게 헌상했다. 코페르니쿠스의 책략은 효과가 있었다. 가톨릭교회는 코페르니쿠스의 가설을 수십 년 동안 별 문제 삼지 않았다.

그러다 코페르니쿠스의 가설을 원리와 관찰로써 검증된 진리라고 주장하는 사람들이 나타나기 시작했다. 대표적인 사람이 지오르다노 부르노Giordano Bruno와 갈릴레오 갈릴레이Galileo Galilei였다. 가톨릭교회는 이를 하느님이 세상을 창조했다는 교리에 대한 위협으로 여겼다. 종교 재판으로 브루노는 1600년 화형에, 갈릴레이는 1615년 종신의 가택 연금형에 처했다.

그럼에도 지구가 돈다고 믿는 사람들이 점점 늘어났다. 그러면서 코페르니쿠스의 책 제목 중 회전, 즉 레볼루션은 위와 아래를 뒤집는 혁명을 뜻하는 단어가 되었다. 지구와 태양의 역할을 뒤집는 건 나와 남의 처한 형편을 바꾸어 놓고 생각하는 일과 다르지 않았다. 왕과 시민의 위치를 180도 돌린 게 프랑스 혁명이었다. 즉 윤리와 혁명은 서로 공통되는 기반을 가졌다.

코페르니쿠스의 회전은 그렇게 혁명이 되었고 혁명은 곧 다시 당대의 과학 성립을 가리키는 말이 되었다. 사람들은 코페르니쿠스에서 비롯되어 갈릴레이와 요하네스 케플러를 거쳐 아이작 뉴턴이 세 개의 역학 법칙을 완성한 과정을 과학 혁명이라고 부른다.

그렇다면 투자는 과학이 될 수 있을까? 이 질문에 답하려면 두 가지를 살펴봐야 한다. 첫째로 현상을 설명할 수 있는 가설이 있는지, 그리고 둘째로 그 가설이 실험으로써 검증이 되었는지를 확인해야 한다. 이 두 가지가 아직 만족하지 않았다면 투자를 두고 과학이라고 이야기할 수는 없는 노릇이다.

금융학계는 당연히 투자가 과학이라고 말한다. 금융학을 포괄하는 경제학이 사회과학에 속하는 게 한 가지 이유다. 사회과학은 여러 인간으로 구성된 사회 현상과 사회 안에서 인간의 행동을 탐구하는 분야다. 경제학은 자신이 사회과학의 단순한 구성원이 아니라 왕이라고 자부한다. 아마도 금융학은 자신이 경제학의 왕이라고 생각할 듯싶다.

업계의 모두는 아니지만 개중에는 투자가 과학이라고 앞장서서 목소리를 내는 곳도 있다. 2023년 말 기준 운용 자산이 812조원인 디멘셔널펀드어드바이저스가 대표적이다. 1981년에 세워진 디멘셔널은 그냥 평범한 자산 운용사가 아니다. 공동창업자가 데이비드 부스David Booth와 렉스 싱크필드Rex Sinquefield기 때문이다.

부스가 1971년에 경영학 석사 학위를 받았던 시카고대학의 경영대학원은 현재 부스스쿨로 불린다. 부스가 3600억원을 학교에 기부한 결과다. 싱크필드는 디멘셔널을 세우기 전에 주가지수 펀드를 개척했던 사람이다. 특히 시카고대학에서 부스와 싱크필드를 가르친 유진 파마도 디멘셔널 이사회의 구성원이다. 파마는 효율적 시장 가설의 아버지로 불린다. 효율적 시장 가설이란 재정 거래 때문에 주가지수를 넘어서는 초과 이익을 거두기가 불가능하다는 주장이다. 한마디로 디멘셔널은 효율적 시장 가설을 실제 투자로써 검증한 곳이다.

이처럼 과학이란 단어는 모두가 탐내는 말이다. 본디 과학은 별의 움직임을 예측하는 자연 과학이었다. 그런 물리 역학의 성과는 한마디로 별처럼 빛나는 것이었다. 그러자 사람들은 과학적 방법을 자연이 아닌 것에도 적용하기 시작했다. 사회과학이라는 말은 그렇게 만들어졌다.

가령 19세기의 아돌프 케틀레Adolphe Quetelet는 관측 오차를 줄이기 위해 평균을 구한 천문가 튀코 브라헤Tycho Brahe의 방법을 사람의 몸에 적용하고 이를 사회 물리라고 불렀다. 동시대의 오귀스트 콩트Auguste Comte도 뉴턴의 법칙 같은 걸 사회에서 찾으려는 자신의 시도를 사회 물리라고 부르고 싶었다. 하지만 이미 케틀레가 그 말을 선점한 걸 듣고 어쩔 수 없이 사회학이라는 말을 새로 만들었다. 콩트가 사회학의 시조가 된 연유다.

16세기부터 싹이 자라기 시작한 자연 과학이 혁명이었던 이유는 그때까지 모두가 진리라고 믿고 있던 옛 성현의 가르침이 사실이 아니라는 걸 실험으로 검증해 보여 줬기 때문이다. 가령 중세 유럽의 대학에서는 무거운 물체가 가벼운 물체보다 빨리 떨어진다는 아리스토텔레스Aristoteles의 주장을 가르쳤다. 갈릴레오가 피사의 사탑에서 그렇지 않다는 걸 보여 주고 나서야 사람들은 그게 진리가 아니라는 걸 깨달을 수 있었다.

여기엔 아리스토텔레스가 자신의 주장을 스스로 검증해 보지 않은 잘못도 크다. 해 봤다면 똑똑한 그가 그런 잘못된 주장을 했을 리는 없을 것 같다. 그게 코페르니쿠스 이전의 이른바 자연 철학과 뉴턴 이후의 자연 과학을 나누는 경계선이다. 알고 보면 뉴턴이 쓴 필생의 역작 제목은 바로 《자연 철학의 수학적 원리》다.

그러면 투자가 과학인지를 한번 검증해 보겠다. 여러 가설이 있을 수 있겠지만 기왕이면 가장 근본적인 걸 하려고 한다. 그 가설은 '투자에서 가장 중요한 건 수익의 누적'이라는 가설이다. 쉽게 말하면 당장의 이익이 문제가 아니라 나중의 결과적 이익이 문제라는 이야기다.

금융학계와 업계는 이러한 가설을 세운 적이 없다. 가설을 세운 적이 없으니 당연히 검증해 본 적도 없다. 달리 말해 그들은 이게 뭔지 모른다. 이 가설의 검증은 이 책의 뒤에서 차례로 나올 예정이다.

　본격적인 검증을 하기에 앞서 가볍게 몸을 풀 듯이 간단한 질문으로써 약식의 검증을 해 보겠다. 엄밀한 검증은 아니기에 보고 나서 무시해도 된다. 그냥 등 뒤로 도도히 흐르는 바람 같은 걸로 이해해도 좋다. 내일 이익이 생기는 것과 가령 20년 뒤에 이익이 남아 있는 것 중 어느 쪽을 고르고 싶은가? 이렇게만 물으면 열이면 열 모두 전자를 택할 터다. 나조차도 그렇다.

　질문을 조금 바꿔, 내일 이익이 나지만 20년 뒤에 망해 있는 것과 내일은 손실이 나지만 20년 뒤에 흥해 있는 것이라면 어떨까? 이번에는 아마도 백이면 구십오는 후자를 택할 듯싶다. 혹시 뭘 골라야 할지 고민이 된다면 15장에 나왔던 버크셔해서웨이 이야기 떠올리기를 바란다. 버핏도 모든 투자를 100% 성공한 건 아니었다. 하지만 59년이 지나 재산을 3만5천 배 넘게 불렸는데 중간에 손실 좀 난 게 무슨 대수겠는가.

　상징적인 내일과 20년 후의 관계를 통절히 느낀 사람 중 한 명이 바로 해리 마코위츠다. 4장과 10장에 나왔던 마코위츠는 금융학의 토대인 포트폴리오 이론을 세운 사람이다. 마코위츠는 7장에 나왔던 제임스 토빈이 1981년 노벨 기념상을 받게 되자 크게 실망했다. 자신이 시조기는 하지만 토빈의 학문적 업적이 자기 것과 꽤 겹치기 때문이었다. 즉 자신이 노벨 기념상을 받을 기회는 이제 사라졌다고 생각한 거였다.

　1990년 10월, 당시 뉴욕시립대학에서 가르치던 마코위츠는 일이 있어서 일본에 가게 되었다. 일본의 공항에 내린 마코위츠는 방송사 카메라를 비롯해 기자들이 자신을 향해 몰려드는 걸 보고 깜짝 놀랐다. 그가 탄 비행기가 태평양 상공을 날던 도중 다른 두 명과 함께 노벨 기념상 수상자로 선정됐다는 사실이 발표되었기 때문이었다.

마코위츠는 나중에 자신의 경험을 다음 두 문장으로 정리했다. "내 성공 중 계획된 것은 아무것도 없었다. 그리고 내 계획 중 성공한 것은 아무것도 없었다."

장기 성장을 이루어야
좋은 투자

　투자의 세계에는 자칭 고수가 많다. 남들이 잘 모르는 비법으로 투자에 성공했다고 주장하는 사람들이다. 혹은 남들도 알기는 하지만 그걸 좀 더 철저하게 잘한다고 떠벌리는 사람일 수도 있다. 혹시나 해서 찾아보니 소셜 미디어에서 아예 투자 고수라는 이름을 내걸고 활동하는 이들도 있다.

　물론 그들 모두가 엉터리라고 이야기하는 건 아니다. 그들 중에는 실제로 투자를 잘하는 사람도 일부 있을 거다. 하지만 모두가 진짜 고수는 아니다. 일례로 투자에서 돈을 딸 승률이 중요하다고 말하는 사람은 고수와 거리가 멀다. 이번 장은 왜 승률이 중요하다는 말이 허튼

소리인지를 알아보는 자리다.

먼저 새로운 투자 자산 하나를 소개하겠다. 이름은 베크룩스다. 이미 눈치를 챈 사람도 있겠지만 이 책에 나오는 투자 자산들은 모두 실제 별의 이름이다. 베크룩스는 남반구에서 보이는 남십자자리의 베타별이다. 별자리를 구성하는 여러 별 중 가장 밝은 별이 알파별, 두 번째와 세 번째로 밝은 별이 각각 베타별, 감마별이다. 말이 나온 김에 부연하자면 9장에 나왔던 스피카는 처녀자리의 알파별, 12장의 카펠라는 마차부자리의 알파별이다.

7장에서 투자 자산은 수익과 리스크의 높거나 낮은 조합에 따라 네 가지로 분류되었다. 그중 수익이 높으면서 리스크도 큰 자산을 지칭하는 말이 별이었다. 말하자면 별은 리스크가 없지 않은, 즉 손실을 볼 수 있는 자산을 상징한다. 즉 베크룩스를 포함해서 스피카, 카펠라는 모두 손실 가능성이 있다.

그러면 베크룩스는 어떤 특성을 가진 투자 자산일까? 일단 베크룩스는 5장에 나왔던 공정한 동전과 거리가 멀다. 공정한 동전은 앞면이나 뒷면이 나올 확률이 50%로 똑같다. 공정한 만큼 어느 한쪽이 다른 한쪽보다 더 나올 리가 없기 때문이다.

5장에서 돈을 딸 확률이 50%인 동전 던지기는 진정한 투자가 될 수 없다고 이야기했다. 왜냐하면 반반의 확률로 돈을 딴다는 건 투자의 실력이 존재하지 않는다는 뜻이기 때문이다. 달리 말해 투자 결과가 무작위에 의한다면 그건 원숭이가 동전을 던져 앞면이 나오면 돈을 따는 것과 다르지 않다. 원숭이가 투자하는 게 가능하다는 생각은 투자에 대한 심각한 모욕이다.

베크룩스의 가격이 오를 확률은 50%보다 상당히 높은 80%다. 다섯 번 하면 네 번을 이길 수 있고 한 번만 돈을 잃는다는 뜻이다. 승리 확률만 놓고 보면 베크룩스는 매력적인 투자 자산이다.

베크룩스에는 검토가 필요한 다른 특성도 있다. 바로 손익 구조다. 손익 구조란 이익이 날 때와 손실이 날 때의 크기를 비교해 보여주는 걸 말한다. 베크룩스의 손익 구조는 이른바 비대칭이다. 손익 구조가 비대칭이라는 말은 이익과 손실의 크기가 같지 않다는 의미다.

손익 구조가 비대칭인 건 사실 투자 자산의 보편적인 성질이다. 손익 구조가 완벽히 대칭인 투자 자산은 없다고 해도 과언이 아니다. 그런데 금융학은 계산하기 편리하다는 이유로 대칭의 손익 구조를 가정하고 이론을 전개한다. 금융학의 예측이 실제로 잘 맞지 않은 건 그럴 만한 이유가 있는 셈이다.

알고 보면 비대칭에도 종류가 있다. 크게 보면 두 가지다. 하나는 이익의 크기는 크지만, 손실의 크기는 작은 비대칭이다. 잃을 때는 조금 잃고 딸 때는 크게 따는 걸 말한다. 사자성어로 상징하자면 소실대득小失大得이나 바둑에서 주로 쓰는 말인 사소취대捨小取大라 할 만하다. 사소취대는 작은 걸 버리고 큰 걸 가진다는 의미다.

다른 하나는 사소취대의 정반대다. 즉 이익의 크기는 작고 손실의 크기가 큰 비대칭이다. 딸 때 조금씩 따다가 잃을 때 크게 잃는 거다. 이를 상징할 사자성어는 소탐대실小貪大失이다. 작은 걸 탐내다가 큰 걸 놓친다는 뜻이다.

베크룩스는 어느 쪽일까? 예상할 수 있듯이 베크룩스는 소탐대실의 투자 자산이다. 왜 예상할 수 있다고 말했을까? 바로 베크룩스의 승률 때문이다. 베크룩스로 돈을 딸 확률은 50%가 넘는다. 돈을 자주 딸 수 있다는 얘긴데 그러면서 동시에 딸 때의 이익도 크다면 그건 너무 불공평하다.

이길 확률도 높으면서 이익의 크기도 크다는 건 주가 조작이 아니고서는 생각하기 어렵다. 물론 이 말이 주가 조작이 세상에 없다는 뜻은 아니다. 다만 그건 사기와 야바위의 영역일 뿐 투자의 영역은 아니라는 뜻이다.

이제 베크룩스의 손익 구조를 구체적으로 알아보겠다. 베크룩스의 이익은 10%, 손실은 마이너스 35%다. 베크룩스에 투자하면 가격이 오를 때는 직전보다 10%만큼 올라가고 내릴 때는 직전보다 35%만큼 내린다는 뜻이다. 달리 말해 베크룩스를 산 가격이 한 주당 1만원이었다면 오르면 1만1000원이 되고 내리면 6500원이 된다. 1만원에 산 베크룩스가 두 번 연속 오르면 그때의 주가는 1만2100원이다.

그러면 베크룩스는 투자할 만한 자산일까? 일단 얼핏 보기에 그렇게 나빠 보이지는 않는다. 무엇보다도 승률이 높다. 다섯 번에 네 번은 주가가 올라 투자한 사람의 마음을 흡족하게 만들기 때문이다. 물론 가끔 주가가 내려 마음을 쓰라리게 할 때도 있기는 하겠지만 그 손실의 크기가 그렇게 커 보이지는 않는다.

위 질문에 제대로 답하려면 한두 번 후의 투자 결과만을 보아서는 미흡하다. 가격이 오를 때와 내릴 때의 확률을 감안하면 최소 다섯 번은 봐야 한다. 다섯 번 후의 결과를 알아보는 건 그렇게 어렵지 않다. 오르고 내릴 순서를 가정한 후 그에 따라 주가를 계속 계산해 가면 된다.

그러면 1만원에 산 베크룩스는 다섯 번 후에 얼마가 되어 있을까? 일단 네 번 연속 가격이 오른 후에 마지막 다섯 번째에 가격이 내린다고 가정하겠다. 한 번 오를 때마다 주가가 1.1배가 되므로 네 번 후의 주가는 1.1의 네제곱을 처음 주가에 곱한 값과 같다. 즉 네 번 후에 베크룩스의 주가는 1만4641원이 된다. 거기에 마지막 다섯 번째에 마이너스 35%의 손실이 발생하므로 0.65를 곱하면 다섯 번 후의 주가다. 그 값은 9517원이다.

혹시 오르고 내리는 순서가 다섯 번 후의 주가에 영향을 줄지 궁금할 수 있다. 그걸 일일이 다 해 보는 건 꽤 손이 가는 일이다. 다행히도 걱정할 필요가 없다. 왜냐하면 다섯 번 중의 몇 번째에 주가가 내리든 다섯 번 후의 주가는 반드시 같기 때문이다. 수학 용어를 빌려 설명하자면 곱셈은 교환 법칙이 성립하는 연산이다. 몇 번째에 0.65를 곱하든 결과는 같다.

이제 9517원이라는 주가를 사심 없이 바라볼 차례다. 과거에 가지고 있던 투자에 관한 선입견으로 이를 판단하면 곤란하다. 다섯 번이 지나고 나면 베크룩스의 주가는 결과적으로 처음보다 낮아진다. 베크룩스는 단기적으로는 이익이 나기 쉽다. 아마 다섯 번에 네 번은 이익이 날 터다. 하지만 다섯 번이라는 장기에서는 그렇지 않다. 즉 베크룩스에 투자하면 장기적으로는 손실이 난다.

다섯 번이 충분히 긴 장기가 아니라서 그럴지 모른다고 생각했을 수도 있다. 다섯 번보다 시간이 길어지면 상황은 오히려 더 나빠진다. 열 번 후에는 9517원보다 더 낮은 9057원이 된다. 열다섯 번이나 스무 번 뒤에는 점점 더 수렁에 빠진다. 장기적으로 베크룩스에겐 아무런 희망이 없다.

왜 이런 일이 벌어질까? 이를 설명할 수 있는 유력한 요인은 베크룩스의 손실 크기다. 앞에서 살펴보았듯이 베크룩스의 승리 확률은 50%를 훌쩍 넘는 80%다. 그런 훌륭한 승리 확률에도 불구하고 장기적으로 손실이라면 그건 잃을 때 너무 크게 잃는 탓이다. 그것 말고는 달리 설명할 길이 없다.

즉 좋은 투자와 나쁜 투자를 나누는 기준은 시간에 있다. 나쁜 투자는 단기적으로 이익이 나는 듯하지만, 장기적으로 손실이 난다. 장기적으로 손실이 나는 베크룩스 같은 자산에 투자하고 싶은 사람은 없을 것이다. 한마디로 좋은 투자는 장기 성장을 이룰 수 있어야 한다.

손실을 무서워해야 더 나은 성과를 얻는다

　방금 17장에서 투자의 굉장히 중요한 한 가지 측면을 엿볼 수 있었다. 그건 바로 돈을 딸 확률보다 잃을 때 손실의 크기가 투자의 성공에서 어쩌면 더 결정적인 요소일지 모른다는 거였다.

　금융학계와 업계는 손실을 두고 어떤 의견일까? 그 둘은 큰 관심이 없다는 면에서 의견이 사실상 같다. 일단 학계는 수익률의 표준 편차인 변동성을 렌즈로 삼아 손실을 바라본다. 변동성이 크면 그만큼 더 큰 손실이 날 수 있다는 게 학계가 이야기하는 전부다. 학계는 리스크가 수익과 양의 선형 관계라는 이론을 중요하게 여기기에 손실의 크기에 대해 어정쩡한 태도를 취할 수밖에 없다.

업계는 손실을 대수롭지 않게 여긴다. 그저 리스크를 크게 져야 이익이 크게 날 수 있다는 말만 앵무새처럼 되뇔 뿐이다. 그 말을 따라 리스크를 크게 졌는데 손실이 크게 나면 그건 운수가 나빠서 그런 것일 뿐이다. 운수의 영역은 업자의 책임은 아니라는 거다.

이대로라면 세상은 칠흑 같은 어둠에 싸여 있었겠지만, 천만다행으로 21세기 초반부터 북극성처럼 빛을 비추던 사람이 하나 있었다. 장황한 문체와 냉소적인 태도가 거북한 면도 없지 않았지만, 그가 가진 혜안만큼은 가히 최고였다. 그의 이름은 바로 나심 니콜라스 탈레브 Nassim Nicholas Taleb다.

탈레브의 통찰을 느껴 볼 수 있는 투자 자산을 하나 제시해 보겠다. 그 이름은 프로키온이다. 진짜 별로서 프로키온은 작은개자리의 알파별이다. 맨눈으로 본 겉보기 등급이 0.34인 프로키온은 밤하늘에서 여덟 번째로 밝은 별이다. 겉보기 등급은 숫자가 작아질수록 더 밝게 보인다.

자산으로서 프로키온은 17장에 나왔던 베크룩스와 비슷하다. 즉 돈을 딸 확률이 높고 대신 손익 구조가 소탐대실이다. 실제로 금융 시장에는 베크룩스와 성질이 비슷한 자산이 많다. 반면 베크룩스와 성질이 정반대인 자산은 많지 않다. 이길 확률이 낮은 대신 손익 구조가 소실대득인 걸 하나 대야 한다면 로또를 언급하는 편이 쉽다.

알고 보면 프로키온은 베크룩스의 최종 보스 같은 존재다. 왜냐하면 다음 날 가격이 오를 확률이 99.8%로 극히 높기 때문이다. 천 번을 하면 겨우 두 번만 돈을 잃는다는 이야기다. 프로키온에 투자하면 거의 틀림없이 무조건 돈을 딴다.

프로키온의 손익 구조는 어떨까? 프로키온의 가격이 오르는 크기는 그렇게 크지는 않다. 만약 오른다면 전날보다 0.3%만큼 오른다. 어제 1만원이었던 게 오늘 오르면 1만30원이 된다는 뜻이다. 작은 이익처럼 보일지도 모르지만 대신 가격이 오를 확률이 워낙 높다. 가령 열흘 동안 계속 가격이 오르면 3%가 넘는 이익을 본다. 석 달 정도 계속하면 어느새 이익이 20%를 넘긴다.

황금알을 낳는 거위처럼 느껴질 프로키온의 유일한 약점은 손실이 났을 때다. 그때 프로키온은 마이너스 100%의 손실을 본다. 혹시 오타가 아닌가 하고 눈을 비볐을 사람도 있을지 모르지만, 마이너스 100% 맞다. 쉽게 말해 마치 연기처럼 모든 돈이 사라진다.

'투자의 세계에서 하루아침에 모든 게 날아가는 그런 게 어디 있느냐?' 하고 되물을 사람이 있을 것 같다. 알고 보면 다양하게 많다. 우선 채권이 그렇다. 채권을 발행한 곳이 부도나면 이자와 원금을 제대로 돌려받기는 물 건너갔다. 일부를 되돌려 받을 때도 있긴 하지만 끝까지 가보기 전에는 얼마나 되돌아올지 알 수 없다.

앞에서 채권을 예로 들었지만, 이는 누군가에게 돈을 빌려줬을 때 피해 갈 수 없는 돈놀이의 고유한 특성이다. 요즘은 많이 뜸해졌지만, 한때 이른바 플랫폼을 통해 개인 간에 돈을 빌려주고 빌리는 걸 금융의 미래처럼 이야기하던 때가 있었다. 그들 중 상당수는 연체율이 높아져서, 대표나 임직원이 돈을 들고 튀어서, 돌려막기 하다가 결국 구멍이 나서 등의 이유로 망했다. 돈놀이가 금융의 본체인 건 숨길 수 없는 사실이나 고작 대부 행위를 투자의 미래로 포장한 건 황당한 일이다.

주권도 마이너스 100%가 불가능하지 않다. 미국의 경제 잡지 포춘이 1996년부터 2001년까지 6년 연속으로 "미국에서 가장 혁신적인 회사"로 꼽았던 엔론의 2000년 공식 매출은 121조원이었다. 그게 대놓고 저지른 회계 부정과 막대한 파생 거래 손실을 페이퍼 컴퍼니에 숨기는 방식으로 부풀려진 숫자라는 게 들통나면서 2001년 10월에 4만5000원 하던 주가가 2001년 12월 한순간에 0이 되었다.

또 회계 부정이 아니더라도 주가는 순식간에 0이 될 수 있다. 가령 2008년 당시 미국에서 네 번째로 큰 투자은행인 리먼브라더스의 보통주는 9월 12일 금요일에 1만2600원으로 거래를 마쳤다. 그 종가는 이틀 전보다 2300원 넘게 오른 가격이었다. 그럼에도 시장의 신뢰를 잃은 리먼브라더스는 주말 동안 바클레이스 아니면 뱅크오브아메리카에 회사 전체를 팔려고 시도했다.

회사 매각 시도가 실패하자 9월 15일 월요일 리먼브라더스의 주가는 회사의 파산 신청과 함께 0이 되었다. 또한 돈세탁과 작전 말고는 쓰임이 없는 가상 자산이 0이 되는 건 말할 필요도 없다.

암튼 프로키온으로 돌아와, 이에 투자하면 마이너스 100%의 손실을 볼 가능성이 있지만 그 확률은 0이나 다름없다. 그렇다면 프로키온은 투자할 만한 자산일까? 앞의 6장에서는 손실을 두려워 말아야 더 나은 성과를 얻는다고 했다. 미미한 손실 가능성을 괜히 두려워하지 말고 프로키온에 투자하면 석 달에 거의 틀림없이 20%의 이익을 얻는다.

위 질문에 답하려면 실제로 프로키온이 이익이 날 확률을 따져봐야 한다. 오늘 멀쩡했던 프로키온의 가격이 내일 0.3% 오를 확률은 99.8%다. 가령 1년 365일 중 주말과 공휴일을 빼고 나면 프로키온이 거래되는 날수는 250일 정도다. 그러므로 프로키온에 투자해서 1년 후 이익이 날 확률은 0.998의 250제곱이다.

이를 계산해 보면 얼마나 될까? 그 값은 약 60%다. 달리 말해 다섯명 중 세 명만 프로키온에 투자해 돈을 불릴 수 있고 나머지 두 명은 건 돈을 모두 잃는다. 대신 투자에 성공한 세 명의 돈은 멋지게 불어난다. 1.003을 250제곱한 값이 2.1이 넘기 때문이다. 즉 1억원으로 프로키온에 투자해 성공하면 1년 후 약 2.1억원의 돈을 가지게 된다.

위 결과를 보고 프로키온은 투자할 만한 자산이라고 이야기할 사람도 있을 것 같다. 프로키온에 들인 돈이 없어져도 큰일 나지 않을 재산의 작은 일부라면 그렇게 말할 수 있다. 그런데 그건 계산된 리스크를 지고 이익을 내려는 도박과 다르지 않다. 투자의 본질이 더 많은 돈만을 목표하는 거라고 생각할 때 할 수 있는 말이다.

프로키온에 들이는 돈이 없어지면 큰일 날 돈이든가 혹은 전 재산이라면 어떨까? 그때는 이야기가 완전히 달라진다. 그런 돈으로 프로키온에 투자하는 건 노골적으로 말해 한마디로 미친 짓이다. 왜냐하면 작은 확률일지언정 돈이 모두 사라질 가능성이 있기 때문이다. 그러다 진짜로 사라지고 나면 후회해 봐야 아무 소용이 없다. 그런 상태로는 투자를 통해 이루고 싶었던 본래의 삶의 목적도 성취할 수가 없다.

없어져도 괜찮은 돈조차도 프로키온에 오랜 기간 투자하는 건 좋은 생각이 아니다. 시간이 길어질수록 모든 돈이 사라질 확률이 점점 올라가기 때문이다. 가령 프로키온에 2년간, 5년간, 10년간 투자하면 돈을 모두 잃을 확률이 각각 63%, 95%, 99%가 넘는다. 달리 말해 프로키온에 10년간 투자한 100명 중 99명이 건 돈 모두를 잃는다.

그 이유는 단순하다. 단 한 번이라도 매일 0.2%인 손실 확률에 걸리면 그걸로 게임오버가 되는 탓이다. 그래서 게임오버가 손익 구조에 있는 자산은 이익이 얼마든 간에 장기 투자라는 말이 성립되지 않는다. 장기적으로 프로키온은 거의 확실히 휴지가 된다.

그러므로 손실을 두려워 말아야 더 나은 성과를 얻는다는 말은 무의미하다. 새로운 투자에서 가슴에 새겨야 하는 건 "손실을 무서워해야 더 나은 성과를 얻는다"는 말이다. 손실을 두려워하는 마음이 있어야 17장의 베크룩스와 이번 장의 프로키온 같은 폭탄을 피할 수 있다. 투자에서 최대 손실의 크기는 돈을 딸 확률보다 더 중요한 요소다.

방금 한 이야기와 표현은 달라도 핵심은 같은 이야기를 한 사람이 있다. 바로 가치 투자의 지존, 워런 버핏이다. 버핏은 자신의 투자 철학을 다음의 두 가지 규칙으로 요약했다. "첫째, 절대로 돈을 잃지 말라, 둘째, 절대로 첫째 규칙을 잊지 마라." 모든 걸 잃을 수 있는 이상한 도박과 투기를 투자로 착각하지 말라는 뜻이다. 한마디로 손실을 염려하는 데서 좋은 투자 성과가 깃든다.

노 리스크,
노 리턴

금융업계는 "하이 리스크, 하이 리턴"이라는 말을 입에 달고 산다. 그들이 보기에 투자의 정수를 이보다 더 잘 설명하는 말은 없다. 19세기의 제이콥 리틀과 20세기 전반의 제시 리버모어가 투자 세계의 전설이 된 건 누구보다도 큰 리스크를 움츠리지 않고 떠안았기 때문이라는 거다.

요즘은 약발이 떨어졌지만, 한때 "중위험, 중수익"이라는 말도 많이 썼다. 그 말을 주로 쓴 대상이 주권 기초 자산의 파생 거래를 채권에 덧붙여 놓은 이른바 파생 증권이었다. 업계가 이 말을 만들어 쓴 이유는 판매에 도움이 된다고 생각해서였다. 가격이 투명하지 않은 파생 증권은 증권 회사의 판매 이익도 많았다.

금융감독원에서 파생 거래를 감독하는 복합금융감독국장으로 있던 시절 나는 중위험 중수익이라는 말의 사용을 문제 삼았다. 조기 상환 때문에 막상 이익은 얼마 안 되지만 녹인 후에는 주권처럼 원금 전체가 사라질 수도 있는 파생 증권은 저수익에 고위험의 자산이기 때문이었다. 통계를 내 보니 아니나 다를까, 파생 증권의 누적 수익률이 은행 예금보다도 못하다는 걸 확인하기도 했다. 고분고분 시키는 대로 하지 않는 내가 부담스러웠던지 다음 해 복합금융감독국이 해체되면서 나는 역사상 최후의 복합금융감독국장이 되었다.

하이 리스크 하이 리턴이란 말은 무에서 생겨나지 않았다. 서양에서 이런 부류의 원조는 영어 속담의 반열에 오른 "낫싱 벤처드, 낫싱 게인드nothing ventured, nothing gained"다. 이를 정직하게 번역하면 "모험한 게 없으면, 얻을 게 없다"로 옮길 수 있다.

이 말이 나오는 현존하는 가장 오래된 글은 14세기에 기록되었다. 저자는 바로 제프리 초서다. 영시의 아버지라는 별명을 가진 초서는 라틴어나 프랑스어가 아닌 영어로 시와 소설을 다수 썼다. 초서의 가장 유명한 작품은 미완성의 유고작인 《캔터베리 이야기》다. 모두 24개의 이야기로 구성된 《캔터베리 이야기》의 세 번째 이야기인 '장원 청지기의 이야기'에 바로 낫싱 벤처드 낫싱 게인드가 나온다.

들으면 무슨 말인지 그냥 이해되는 '낫싱 벤처드 낫싱 게인드'는 이후 수많은 변종을 낳았다. 가령 케임브리지대학 트리니티홀을 졸업한 로버트 헤릭은 1648년에 낸 시집 《헤스페리데스》에서 "노 페인스, 노 게인스no pains, no gains"라고 노래 불렀다. 영국 국교회 목사였던 혜릭은 신의 명령을 따르는 삶을 사는 수고가 없다면 영적인 얻음도 없다는 의미로 위 표현을 썼다.

이런 부류의 조합을 한꺼번에 네 개나 만든 사람도 나왔다. 오늘날 미국 펜실베이니아가 된 영국 식민지를 개척한 윌리엄 펜이다. 퀘이커 교도인 펜은 20대 때 영국 국교회 교리를 거부한 죄로 런던탑에 여러 차례 갔했다. 1669년 펜이 런던탑 감방에서 쓴 책 제목이《노 크로스, 노 크라운》이었다. 그 책에는 "노 페인, 노 팜; 노 손스, 노 스론; 노 골, 노 글로리; 노 크로스, 노 크라운[2]"이라는 구절이 나온다. 고통이 없으면 종려나무 가지도 없고, 가시가 없으면 옥좌도 없고, 쓸개즙이 없으면 영광도 없고, 십자가가 없으면 면류관도 없다는 뜻이다.

종교적 의미가 대부분이었던 위 어법에 새로운 시각을 부여한 사람은 19세기의 새뮤얼 스마일스다. 스마일스가 쓴《자조론》은 이른바 자기 계발서의 원조와도 같은 책이다. "하늘은 스스로 돕는 자를 돕는다"는 문장으로 시작하는《자조론》에는 "노 스웨트, 노 스위트no sweat, no sweet"라는 말이 나온다. 땀이 없으면 달콤함도 없다는 의미다.

그러나 이런 어법을 널리 퍼트린 사람은 따로 있다. 영화배우 제인 폰다다. 스타 배우 헨리 폰다의 딸이라는 유명세를 넘어 자신의 길을 개척한 폰다는 1982년 자기 이름을 내건 비디오테이프를 출시했다.

---

2. no pain, no palm; no thorns, no throne; no gall, no glory; no cross, no crown

다이어트 목적의 에어로빅을 가르치는 동영상에서 폰다는 "노 페인, 노 게인"을 반복해서 외쳤다. 근육이 아프지 않으면 살이 빠지지 않는다는 뜻이었다.

에어로빅계의 최고 히트 상품이었던 폰다의 비디오테이프가 하이 리스크 하이 리턴의 암말이라면 리스크와 수익이 선형 관계라는 학계의 이론은 수컷 당나귀였다. 금융업계는 이 둘을 이종 교배해 하이 리스크 하이 리턴이라는 노새를 만들었다. 여기서부터는 하이 리스크 하이 리턴이라는 말의 앞 글자만 따 하리하리라고 부르겠다.

리스크를 크게 지면 수익이 커진다는 하리하리는 사실일까? 안타깝게도 그렇지 않다. 사실이 아닌 이유도 한둘이 아니다.

그 출발점은 리스크가 없는 은행 예금이다. 2장에서 이야기했듯이 은행 예금도 수익이 있기는 있다. 가령 1년짜리 정기 예금을 들면 연 3% 정도 이자를 받는다. 그러니까 하리하리가 이야기하는 높은 수익은 최소한 예금 이자보다는 많아야 한다.

가격이 내려갈 수 있는 투자 자산은 예금보다 틀림없이 리스크가 크다. 그러면 그런 투자 자산 하나하나는 모조리 예금보다 수익이 많이 날까? 조금만 생각해 보면 그럴 리가 없다는 걸 깨닫기 어렵지 않다.

주권을 예로 들자면 주가가 올라 예금보다 수익이 더 나는 종목이 분명히 있을 거다. 하지만 주가가 내려가 손실이 나는 종목도 없을 수 없다. 어느 쪽이 더 많냐는 여기서 중요하지 않다. 그건 때에 따라 다르다. 한 가지만큼은 확실하다. 모든 종목의 주가가 오를 수는 없다.

뭔가는 떨어지기 마련이다.

그렇다면 하이 리스크가 하이 리턴을 낳는다고 말할 수는 없다. 리스크가 크면서 많은 수익이 난 종목도 있기는 하겠지만 수익은커녕 손실이 난 종목도 있을 거라서다. 달리 말해 하이 리스크가 하이 리턴을 보장하지 않는다. 하이 리턴일 때도, 아닐 때도 있다. 이야말로 동전 던지기다. 이런 걸 두고 리스크가 크면 수익이 크게 난다고 이야기하면 정말 곤란하다.

앞의 사실을 지적하면 업계는 다른 이야기를 할 것 같다. 하리하리는 모든 투자 자산이 예금보다 더 높은 수익을 낸다는 뜻이 아니라 평균적인 성질 혹은 경향을 이야기한 거라고 주장한다. 숫자는 조금씩 다르겠지만 표 19.1과 같은 걸 보여줄 수도 있다.

표 19.1에 나온 연 평균 수익률과 변동성을 점으로 바꿔 좌표 평면에 찍어 보면 완벽한 직선은 아니지만 대체로 선형에 가까운 관계처럼 보인다. 8장에 나왔던 제러미 시겔이 주권에 장기 투자하라고 주장

표 19.1 자산군별 과거 평균 수익률과 변동성

자산군	연 평균 수익률	변동성
주권	14.0%	14.2%
고위험 채권	5.5%	7.1%
저위험 채권	3.4%	3.0%

하는 핵심 근거가 바로 이런 표다. 이런 표는 투자론 교과서 등에 반드시 나온다.

신용 등급이 높은 저위험 채권보다 신용 등급이 낮은 고위험 채권이, 고위험 채권보다 주권이 더 위험한 건 사실이다. 손실 가능성이 크고 손실이 날 때의 크기도 더 클 수밖에 없는 원리가 있기 때문이다. 그건 표 19.1의 변동성 숫자를 통해서도 느슨하게 확인할 수 있다.

그러나 수익은 표의 숫자를 액면 그대로 믿으면 곤란하다. 숫자를 의도적으로 속였다는 뜻은 아니다. 그보다는 연 평균 수익률을 계산하는 방법에 근본적인 한계가 있는 탓이다. 가령 학계와 업계는 수익률을 계산할 때 1년의 기간 동안 관찰된 가격이나 지수로부터 연수익률을 구하고 그걸 다시 평균해 표에 나온 연 평균 수익률을 구한다.

그런 식으로 연 평균 수익률을 구하면 빠지는 게 있다. 휴지가 된 자산들이다. 가령 채권의 수익률은 시장에서 거래가 되는 걸 가져온 거라 부도가 난 건 포함되지 않는다. 그런 걸 다 포함하면 실제의 수익률은 표보다 상당히 낮아질 수밖에 없다.

주권은 더 묘하다. 주권도 상장폐지가 된 게 있기 마련이다. 주가지수를 계산할 때 상장폐지된 종목이 있으면 그 시가 총액의 비율만큼 기준 시점의 주가지수를 줄인다. 결과적으로 상장폐지된 종목의 영향을 없애버리는 셈이다.

이게 무슨 말인지 예를 들어 설명해 보겠다. 주가지수의 기준 시점에 각각 시가 총액이 10조원인 열 개 종목이 있다. 따라서 기준 시점의 전체 시가 총액은 100조원이다. 이때의 최초 주가지수는 1000으로 정했다.

1년 뒤 모든 종목의 주가가 10%씩 올랐다. 그러면 1년 후의 종목별 시가 총액은 11조원이고 전체 시가 총액은 110조원이다. 이 전체 시가 총액인 110조원을 기준 시점의 전체 시가 총액인 100조원으로 나누면 1.1이다. 이 1.1에 최초 주가지수인 1000을 곱하면 1년 후의 주가지수인 1100이 나온다. 여기까지는 아무 문제가 없다.

2년 후 아홉 종목의 주가는 1년 전과 같지만, 한 종목이 감사 의견 거절로 상장폐지가 됐다. 이때의 시장 시가 총액은 11조원 곱하기 9인 99조원이다. 이걸로 주가지수를 위처럼 계산하면 주가지수가 낮아진다.

그래서 상장폐지로 사라진 시가 총액 11조원의 비중인 10%를 기준 시점의 전체 시가 총액에서 빼준다. 이제 100조원이 아니라 90조원이 기준 시점의 전체 시가 총액이 된다는 뜻이다. 이렇게 조정하고 주가지수를 계산하면 살아남은 아홉 종목의 주가만 주가지수 계산에 영향을 주고 상장폐지된 종목은 아무런 영향을 주지 못한다.

쉬운 말로 비유하자면 이런 거다. 유리병을 가지고 놀다 보면 바닥에 떨어져 깨질 수 있다. 깨진 유리병 조각이 눈에 띄면 유리병 던지기 도박에 사람들이 덜 뀐다. 그래서 유리 조각을 안 보이게 카펫 밑으로 쓸어 놓는다. 그러고 나면 멀쩡한 유리병만 눈에 보인다.

즉 주가지수는 그렇게 아직 깨지지 않은 유리병만의 결과다. 카펫을 들춰 보면 유리 조각이 쌓여 있다. 과거에 그 유리 조각에 손을 베여 피를 흘린 사람도 반드시 있기 마련이다. 그 피는 주가지수에 나타나지 않는다. 쉽게 말해 수익률 계산에 생존자 편향이 낀다.

실제로 상장폐지되는 종목은 얼마나 될까? 1997년부터 2023년까지 27년간 한국의 유가증권 시장과 코스닥 시장을 합쳐 보면 가장 나빴던 해에 전체 종목의 7% 가까이 상장폐지가 되었다. 연간 상장폐지되는 비율의 평균을 내 봐도 매년 2% 넘는 수가 상장폐지된다. 즉 이런 손실의 누적을 감안컨대 표에 나온 주권의 연 평균 수익률은 실제보다 한참 뻥튀기가 된 숫자다.

어이없게 들리겠지만 리스크와 수익이 선형 관계라는 금융 이론은 사실 과학이 아니다. 실제 주권으로 검증해 보면 도저히 직선으로 봐줄 수 없는 넓게 퍼진 구름 같은 그래프가 나오기 때문이다. 그게 개별 주권의 변동성과 수익률 그래프를 여러분이 본 적이 없고 오직 표 19.1 같은 것만 볼 수 있었던 이유다.

하리하리의 가장 큰 죄는 희미한 상관을 인과로 둔갑하려 한 점이다. 그것도 원인과 결과를 뒤바꿔 놓았다. 이건 노 페인 노 게인만치의 진실이 담긴 우리 속담으로 설명하는 게 가장 쉽다. 해당 속담은 후한 때 만들어진 사자성어에서 유래했지만, 우리말과 생각이 된 지 오래다.

"호랑이를 잡으려면 호랑이 굴에 들어가야 한다"는 속담을 들어봤을 터다. 곰곰 생각해 보면 틀림없는 말이다. 그런데 말의 앞뒤를 그냥 뒤바꾸면 "호랑이 굴에 들어가면 호랑이를 잡는다"가 된다. 이는 흠이 있는 말이다. 호랑이 굴에 들어갔다가 호랑이에게 거꾸로 잡혀먹히는 사람이 적지 않을 거라서다.

말의 앞뒤를 바꾸고 싶으면 어떻게 해야 할까? 그때는 각각을 부정문으로 바꿔야 한다. 즉 "호랑이 굴에 들어가지 않으면 호랑이를 잡을 수 없다"가 되어야 한다. 그러면 다시 올바른 말이 된다. 알고 보면 이건 고등학교 수학 명제 단원에서 배운 내용이다. 본 명제가 참이라면 역이나 이는 거짓이고 대우만 참이다.

호랑이와 호랑이 굴의 관계는 수익과 리스크의 관계와 같다. 그러므로 위 부정문 형태의 말에 수익과 리스크를 집어넣으면 "리스크를 지지 않으면 수익이 날 수 없다"가 된다. 이게 바로 "노 리스크, 노 리턴"이다. 이의 대우는 뭘까? 그건 "하이 리턴, 하이 리스크"다. 즉 큰 이익을 얻으려 들면 그만큼 위험하다. 리스크를 크게 져야 수익이 나는 게 아니라는 이야기다.

주권 중 결국 손실이 나는 건
예금보다 못하다

8장에서 주권이 예금, 채권보다 결국 낫다고 이야기했다. 그 근거는 자산군으로서 주권의 과거 연 평균 수익률이 부동산, 국채, 금, 회사채보다 월등히 높다는 거였다. 비교에 사용한 데이터는 미국의 자료라 한국과 직접 관련은 없다. 그럼에도 미국의 결론이 한국에서 유효하지 않을 이유가 없다는 주장도 곁들였다.

이번 장에서는 주권의 개별 종목이 장기적으로 어떤 성과가 나는지를 살펴보려 한다. 자산군으로 주권이 아무리 연 평균 수익률이 높다고 할지라도 그게 모든 개별 종목의 투자 성공을 의미하지는 않는다. 사실 앞 장에서 말했듯이 주가지수의 계산에 심각한 생존자 편향이 있기에 연 평균 수익률이 높다는 건 전적으로 믿을 게 못 된다.

여기서는 실제의 주권 대신 가상의 주권을 예로 삼겠다. 실제의 주권으로 지금부터 하려는 이야기를 입증할 방법이 없어서 그러는 건 아니다. 개별 종목 중에 장기적으로 손실이 난 건 차고 넘친다. 19장에 나왔듯 매년 상장된 주권의 2% 넘는 종목이 상장폐지된다. 한 세대라고 할 수 있는 30년의 시간을 놓고 보면 전체의 반 정도 주권이 휴지가 되어 사라지는 셈이다.

가상의 주권을 예로 삼은 이유는 그편이 이야기의 알맹이를 이해하기가 수월하기 때문이다. 지금부터 예로 들 가상의 주권들은 그 특성을 파악하는 게 어렵지 않다. 이들의 단순한 특성만큼 이로부터 파급될 결론도 명쾌할 터다.

첫 번째로 검토할 주권은 안타레스다. 안타레스는 전갈자리의 알파별이다. 짐작할 수 있겠지만 전갈자리 같은 이름을 들어 본 별자리의 알파별은 굉장히 밝은 별이다. 안타레스의 겉보기 등급은 9장에 나왔던 스피카 바로 다음으로서 밤하늘에서 16번째로 밝다.

말이 나온 김에 별의 이름을 투자 자산으로 쓸 때 이 책에서 사용되는 규칙이 있다. 이름이 세 글자인 별은 가격이 오를 확률과 내릴 확률이 각각 50%로 같다. 9장에 나왔던 스피카와 12장에 나왔던 카펠라가 바로 그랬다. 이들은 일방적으로 오르거나 혹은 내리지 않는, 어떤 면으로는 공평한 자산이라고 볼 수 있다. 대신 오를 때의 가격 상승률이 내릴 때의 가격 하락률보다 높았다. 스피카는 100% 대 마이너스 75%, 카펠라는 100% 대 마이너스 40%였다.

이름이 네 글자인 별은 가격이 오를 확률이 내릴 확률보다 큰 자산이다. 가격이 오를 확률이 17장의 베크룩스는 80%, 18장의 프로키온은 99.8%였다. 가격이 오를 확률이 큰 만큼 오를 때의 가격 상승률은 각각 10%와 0.3%로 스피카나 카펠라보다 낮았다.

안타레스는 매년 5%씩 주가가 올랐다. 대신 10년에 딱 한 해만 손실을 봤다. 가격이 오를 확률이 열 번 중 아홉 번이므로 90%라는 걸 쉽게 알 수 있다. 손실을 보는 해의 주가는 40%만큼 떨어졌다.

안타레스는 투자할 만한 주권일까? 언뜻 보기에 나빠 보이지 않는다. 엄밀하게는 10년 간의 연 평균 수익률이 얼마나 되는지가 중요한 판단 기준일 터다. 이를 구하는 건 어렵지 않다. 아홉 번 5% 수익이 났고 한 번 40% 손실이 났으니까 5%에 9를 곱한 45%에서 40%를 빼고 그걸 10으로 나누면 된다. 그 결과는 연 0.5%다.

안타레스의 연 평균 수익률이 0.5%니까 10년 동안 투자했으면 돈이 불어날 것 같다. 주가가 오르고 내리는 건 운도 작용하기에 1~2년 짧게 투자해서는 이익을 확신할 수 없다. 운이 나빠서 첫 번째 해에 하필 주가가 떨어질 수도 있기 때문이다. 그렇지만 10년을 투자했다면 아홉 번의 5% 이익이 한 번의 40% 손실을 메꾸고 남아야 마땅할 듯싶다. 아주 높지는 않지만 어쨌든 연 평균 수익률이 0보다 크다.

그럼 실제로 10년을 투자했다면, 무슨 일이 벌어지는 알아보겠다. 이의 계산 또한 어렵지 않다. 5% 이익이 나는 해는 주가가 전년의 1.05배가 된다. 손실이 나는 해의 주가는 전년의 0.6배다. 즉 1.05를 아홉 번 곱하고 거기에 0.6을 곱하면 10년 후의 주가가 된다. 17장에 나왔던 것처럼 곱셈은 교환 법칙이 성립하는 연산이기에 0.6을 언제 곱하는 건 최종 결과에 아무런 영향을 주지 못한다.

10년 전의 안타레스 주가가 1만원이었다면 올해의 주가는 얼마가 될까? 바로 9308원이다. 이 결과가 믿기지 않는다면 지금 즉시 컴퓨터를 켜고 직접 계산해 봐도 좋다. 암튼 9308원이라는 올해 주가는 참이다.

이걸 어떻게 해석해야 할까? 10년 간의 역사적 연 평균 수익률은 0.5%로 0보다 크다. 그런데 막상 10년간 투자를 계속했더니 원금에 손실이 났다. 여러분의 머리가 혼란으로 지끈거릴 거라고 짐작된다.

기분 전환을 하기 위해 다른 주권을 검토하겠다. 이번 주권의 이름은 알데바란이다. 별로서 알데바란은 스피카보다 겉보기 등급의 순위가 하나 높은 황소자리의 알파별이다. 자산으로서 알데바란의 주가가 오르는 빈도는 안타레스와 같았다. 즉 10년 중 9년은 매년 주가가 올랐고 1년만 주가가 내려갔다.

알데바란의 주가가 올랐을 때는 안타레스의 두 배인 10%만큼 올랐다. 대신 떨어졌을 때는 안타레스의 1.5배인 60%만큼 떨어졌다. 이러한 결과를 가지고 연 평균 수익률을 구해 보겠다. 10%에 9를 곱한 90%에서 60%를 빼면 30%가 남는다. 그걸 10년의 10으로 나누면 3%다. 즉 알데바란의 연 평균 수익률은 3%다.

알데바란의 연 평균 수익률은 안타레스의 여섯 배다. 그러나 이것만으로는 이제 안심이 되지 않는다. 아까 안타레스의 결과가 워낙 의외였기 때문이다. 좀 전과 같은 방식으로 알데바란의 현재 주가를 확인하기 전에는 섣불리 이야기할 수 없다.

알데바란의 10년 전 주가는 안타레스와 마찬가지로 1만원이었다. 알데바란의 주가가 오른 해엔 1.1을 곱하고 주가가 내린 해에는 0.4를 곱하면 현재의 주가가 나온다. 그렇게 계산된 알데바란의 금년 주가는 9432원이다. 또다시 원금에 손실이 났다.

어지럽겠지만 아직 포기할 때가 아니라고 생각할 수도 있다. 아직 끝난 건 아니다. 보여줄 주권이 마지막으로 하나 더 남았기 때문이다. 이 주권은 안타레스나 알데바란보다 더 세다. 이런 쪽의 끝판왕으로 봐도 좋다. 그 이름은 아크룩스다.

별 상관은 없을지라도 이때까지 해 온 별 소개를 안 하기도 그렇다. 아크룩스는 남십자자리의 알파별이다. 17장에 나왔던 베크룩스와 같은 별자리에 속한다. 아크룩스의 겉보기 등급 순위는 알데바란보다 하나 높은 13위다. 한마디로 아크룩스는 환하디환한 별이다.

아크룩스의 주가가 오르고 내린 연간 횟수는 알데바란 및 안타레스와 같다. 즉 10년 중의 9년을 올랐고 1년만 내렸다. 아크룩스의 주가가 올랐을 때는 알데바란의 두 배인 20%만큼 올랐고 내렸을 때는 85%만큼 내렸다. 연 평균 수익률은 계산해 보면 9.5%다. 이는 3%였던 알데바란의 세 배가 넘는 연 평균 수익률이다.

아크룩스의 10년 전 주가도 알데바란, 안타레스와 똑같이 1만원이었다. 앞에서와 같은 방식으로 현재의 주가를 계산하면 7740원이다. 아크룩스의 주가 하락 폭은 심지어 알데바란, 안타레스보다도 크다.

결론적으로 아크룩스, 알데바란, 안타레스는 우리에게 무엇을 알려

줄까? 연 평균 수익률이 양의 값을 갖는 주권이라고 해도 장기적으로 손실이 날 수 있다는 사실이다. 자산군으로서 주권이 아무리 평균 수익률이 높다고 해도 개별 종목의 투자 성공을 완전히 확신할 수 없다. 심지어 그 종목의 연 평균 수익률이 10% 가까운 값이어도 그러한 결론은 달라지지 않는다.

장기적 생존을 무시한 단기적 이익은 파멸

    9장은 1부 과거의 투자에서 중요한 걸로 세 손가락 안에 드는 장이었다. 그 핵심은 단기적 손익의 기댓값을 최대화하라는 거였다. 기댓값이란 발생 가능한 시나리오별 숫자에 그 시나리오가 발생할 확률을 곱한 후 모두 더한 값이다. 그렇게 구한 손익의 기댓값이 가장 큰 자산에 투자하는 게 바로 궁극의 투자법이라는 결론이었다.

    그러면서 소개한 자산이 스피카였다. 스피카는 단기적으로 주가가 오르면 100%만큼 오르고 내리면 75%만큼 떨어진다. 오르거나 내릴 확률은 각각 50%로 같다. 스피카의 손익 기댓값은 얼마일까? 계산해 보면 원금의 12.5%다. 즉 수익률의 기댓값도 12.5%다. 수익률의 기댓값이 0보다 큰 값이므로 스피카는 반드시 투자해야 할 자산이다.

수익률의 기댓값은 일차적으로는 단기적 이익의 예상치다. 이를 계산하는 방식이 바로 다음번의 이익과 손실 예상치에 확률을 곱해 더한 후 원금으로 나눈 거라서다. 9장에서는 이게 0보다 크기만 하면 장기적인 투자 성공도 문제가 없다고 말했다. 단기적으로는 손실이 날 때도 있겠지만 통계학의 대수의 법칙이 작용하기에 시간이 길어질수록 결국 12.5%라는 이익이 계속 쌓인다는 설명이었다.

이제 그런 스피카에 장기적으로 투자할 때 무슨 일이 생기는지 알아보겠다. 그걸 알아보는 건 결코 어렵지 않다. 일단 가격이 오르거나 내릴 확률이 서로 같기에 한 번씩 오르고 내린다고 가정한다. 처음 가격이 1만원일 때 먼저 오르면 100%만큼 상승해 2만원이 된다. 그다음 75%만큼 하락하면 2만원에 0.25를 곱해 5000원이 나온다.

5000원이라는 가격은 장래가 촉망되는 결과는 아니다. 처음 가격이 그 두 배인 1만원이었기 때문이다. 그러나 아직 실망하기에는 이르다. 5000원말고 다른 가격이 나올 가능성도 있기 때문이다.

가령 두 번 연속 스피카의 가격이 오르지 말란 법은 없다. 가격의 변동이 매번 서로 독립이라면 두 번 연속 스피카의 가격이 오를 확률은 0.5 곱하기 0.5인 0.25나 된다. 그때의 가격은 무려 4만원이다. 2회째 가격이 처음의 네 배로 뛸 가능성도 작지 않으니까 이게 나중에 점점 투자 성과를 끌어올릴지도 모른다.

그렇다면 어떻게 해야 할까? 직접 장기간 투자해 보면 된다. 한두 번에서 멈추지 말고 훨씬 오랜 기간에 걸쳐 스피카의 가격이 어떻게 변하는지 살피는 거다. 그렇게 발생할 각각의 가격에 해당하는 확률도 얼마든지 계산할 수 있다.

예를 들어, 3회째에 처음과 같은 1만원이 나올 확률은 얼마나 될까? 3회째에 1만원이 나오는 시나리오는 모두 세 가지다. 첫 번째는 처음 두 번은 올랐다가 마지막에 내리는 거고, 두 번째는 처음에 오르고 다음에 내렸다가 마지막에 다시 오르는 거고, 세 번째는 처음에 내렸다가 연달아 두 번 오르는 거다. 어느 시나리오든 발생할 확률은 0.5를 세 번 곱한 0.125로 같다. 따라서 3회째에 가격이 1만원이 될 확률은 0.125에 3을 곱한 0.375다.

그럼, 얼마나 긴 기간을 봐야 할까? 이 질문에 완벽한 정답은 있기 어렵다. 하지만 충분한 답은 있을 수 있다. 일단 100번의 시간이 지난 후 어떤 일이 생기는지를 보려 한다. 이 정도 시간이면 장기가 아니라고 말할 수는 없다.

중요한 결과만 이야기하겠다. 스피카에 투자한 사람 만 명 중 100번의 시간이 지난 후 원금인 1만원보다 더 돈을 불린 사람은 몇 명이나 될까? 그 답은 바로 네 명이다. 확률로 이야기하면 0.04%다. 달리말해 만 명 중 네 명을 제외한 나머지 9996명은 돈을 잃었다. 즉 스피카에 투자하면 장기적으로 거의 반드시 망한다.

이제 여러분 앞에 두 가지 선택지가 있다고 상상해 보기 바란다. 스피카에 투자할지 하지 않을지의 결정이다. 스피카에 투자해야 한다는 근거는 단기적 손익의 기댓값이 원금의 12.5%라는 사실이다. 스피카에 투자하면 패가망신한다는 논거는 장기라고 할 수 있는 100회째에

만 명 중 9996명이 돈을 잃는다는 사실이다. 도박에 중독된 사람이 아니라면 스피카가 투자할 만한 자산이라고 생각할 사람은 몇 없다. 물론 만 명 중 네 명 정도는 있을지 모른다.

스피카에 투자할 만하다고 생각하는 사람의 논리는 이런 식일 거다. 100회까지는 모르겠고 그래도 어쨌든 한 번 할 때의 손익 기댓값은 0보다 크다. 즉 이겼을 때 벌 돈이 졌을 때 잃을 돈보다 크다는 거다. 그러니까 이건 할 만한 투자 대상이다. 그리고 50%의 확률로 돈을 두 배로 불릴 수 있다.

그런 생각으로 스피카에 투자한 사람 모두가 생각한 대로의 결과를 얻지는 않는다. 그 둘 중 반 수는 건 돈이 4분의 1토막 난다. 물론 운 좋은 나머지 반은 돈을 두 배로 불렸다. 그런데 한 번의 운을 바라고 하는 것, 그게 바로 도박이다. 그런 건 새로운 투자에 속하지 않는다.

혹시 스피카의 장기 투자가 폭망인 이유가 가격이 오를 확률이 아주 높지 않아서일까? 이러한 의문의 답을 얻기 위해 새로운 자산 하나를 검토해 보겠다. 새로운 자산의 이름은 알타이르다. 별로서 알타이르는 독수리자리의 알파별로 겉보기 등급 순위가 아크룩스보다 하나 높은 12위다.

자산으로서 알타이르는 18장에 나온 프로키온과 20장에 나온 안타레스를 섞어 놓은 걸로 봐도 좋다. 프로키온은 매번 0.3%의 이익이 나고 이익 확률은 0.998이지만 손실이 한 번이라도 나면 그 즉시 전액을 잃는다. 안타레스는 매번 5%의 이익이 나고 이익 확률은 0.9로 프로키온보다 낮지만, 손실이 날 때 60%의 금액은 건진다. 알타이르의 이익은 매번 3%고 이익 확률은 0.98이며 손실이 나도 5%의 금액은 남는다. 즉 게임오버는 발생하지 않는다.

알타이르의 수익률 기댓값을 먼저 구하겠다. 3%에 0.98을 곱한 값과 마이너스 95%에 0.02를 곱한 값을 더하면 1.04%다. 이는 안타레스의 0.5%, 프로키온의 0.1%보다 높은 값이다. 아무튼 알타이르의 수익률 기댓값은 스피카처럼 0보다 큰 양수다.

알타이르를 스피카처럼 100번의 시간 동안 투자하면 어떻게 될까? 만 명 중 이익을 볼 사람은 아까보다 많다. 모두 1326명이다. 즉 100번 후 손실을 볼 확률은 86.74%다. 이 정도의 확률을 만족스럽게 여길 사람이 몇이나 될지 모르겠다.

100번 대신 1000번을 하면 얼마나 달라질까? 1000번은 100번의 열 배만큼 더 장기다. 그런 1000번의 시간 동안 알타이르에 투자하면 이익을 낼 사람의 수는 47명으로 줄어든다. 즉 99.53%의 확률로 돈을 잃는다. 이걸 보고도 알타이르에 투자해도 좋다고 이야기할 사람은 거의 없을 거다.

결론은 단순하다. 경제학이 무슨 이야기를 하든 간에 수익률의 기댓값이 0보다 크다고 해서 섣불리 투자하면 안 된다. 그중에는 장기적으로 거의 틀림없이 망하는 것들이 적지 않게 섞여 있기 때문이다. 경제학은 이에 대해 아무런 해답이 없다.

수익률의 기댓값이 0보다 큰데도 왜 장기적으로 망하는 걸까? 두 가지로 그 이유를 설명할 수 있다. 하나는 생존을 위협하는 리스크의 존재다. 한 번이라도 발생하면 그대로 게임오버가 되는 프로키온에서 그러한 리스크가 가장 극명하게 드러난다. 게임오버까지는 안 가더라도 원금의 회복을 쉽지 않게 만들 규모의 손실이 있는 알타이르도 이로부터 자유롭지 않다.

다른 하나는 장기적 성장의 결여다. 당장은 이익이 날 때가 있을지라도 시간의 시험을 통과하지 못하는 자산은 장기적으로 성장할 수 없다. 장기적으로 성장하지 않는다면 이는 곧 장기적으로 파산할 리스크가 크다는 뜻이기도 하다. 그래서 장기적 성장과 장기적 생존은 동전의 앞뒷면과도 같다.

한마디로 말해, 장기적 성장과 생존을 무시한 단기적 이익은 파멸이다.

공짜는 아니지만 확보한 장기 성장은 맛난 점심

이번 장에서는 바로 앞의 21장에서 본 장기 성장의 중요성을 다른 각도에서 바라보려 한다. 어떻게 하면 그러한 장기 성장을 확보할 수 있는가 하는 관점이다. 혹시 앞을 건너뛰고 이번 장을 읽는 사람이라면 20장과 21장만이라도 먼저 읽기 바란다. 상식을 가진 사람이라면 장기 성장이 단기 이익보다 더 중요하다는 말이 그냥 말뿐인 미사여구가 아니라는 걸 생생한 숫자로써 깨달을 수 있다.

투자를 단순히 더 많은 돈을 목표하는 걸로 생각하는 사람에게 이번 장은 유감스럽지만, 해당 사항이 없다. 왜냐하면 그런 투자에서는 장기 성장을 만들 방법이 없기 때문이다. 그런 식의 투자에서 할 수 있는 유일한 건 장기 성장할 자산을 찾는 게 전부다. 이번 장은 장기 성장할 자산을 찾는 방법에 대한 내용이 아니다.

돈이 유일한 차원인 1장의 투자가 아닌 13장의 투자, 그러니까 돈 이외의 차원도 존재하는 투자를 떠올린 사람이라면 이번 장은 해당 사항투성이다. 그러한 투자에서 자본의 특성은 고정되어 있지 않다. 내가 어떻게 가꾸느냐에 따라 투자 대상의 특성이 변한다는 이야기다. 스타트업에 투자해 본 벤처캐피털리스트나 창업 경험도 있는 엔젤 투자자라면 즉시 이게 무슨 말인지 알아차렸을 거다.

그렇다고 이번 장이 스타트업 투자에만 국한된 이야기는 아니다. 오히려 그보다는 개인 사업을 한다든가 혹은 꼭 사업이 아니더라도 개인의 경력을 만들어 나가는 관점으로 이해할 수도 있다. 즉 그런 관점의 투자에서 가꾸어야 할 대상은 내가 공을 들이는 과업이거나 혹은 자기 자신이다.

일단 여러분이 100%의 주권을 가진 회사가 있다고 상상해 보기 바란다. 여기서 100%라는 비율이 중요한 건 아니다. 50%만 넘겨도 되고 혹은 그보다 낮더라도 회사의 중요한 결정에 영향을 미칠 방법이 있다면 그걸로 충분하다.

그 회사에도 이름을 붙여 줄 필요가 있다. 안 그러면 뒤에 가서 가리킬 방법이 없다. 또 나중에 기억도 잘 안 난다. 그리하여 정한 회사 이름은 베텔게우스다. 붉은색으로 빛나는 적색 초거성 베텔게우스는 오리온자리의 알파별이다. 베텔게우스는 앞으로 100년 안에 수퍼노바, 즉 초신성으로 폭발할 가능성이 높다. 100년은 우주의 시간으로는 순간이나 다름없다.

투자의 대상으로서 베텔게우스는 어떤 특성을 가질까? 눈치가 빠른 사람이라면 베텔게우스의 글자 수가 다섯이라는 데 눈이 갔을 터다. 이 책에서 이름이 다섯 글자인 건 가격이 오를 확률이 50%보다 작다는 것을 뜻한다. 즉 베텔게우스는 가격이 오를 확률이 내릴 확률보다 작다. 성공 확률이 작다는 의미에서 베텔게우스는 하나의 로또라면 로또.

베텔게우스의 성공 확률이 작다는 건 현실과 동떨어진 이야기가 아니다. 새로 만들어진 스타트업의 대부분은 몇 년 안에 문을 닫는다. 인플루언서를 꿈꾸며 시작된 대다수의 유튜브 계정은 파리만 날린다. 대기업 공채로 들어간 신입 사원 중 임원이 되는 사람은 손으로 꼽는다.

그렇다고 베텔게우스나 벨라트릭스 같은 신생 회사에 아무런 희망이 없는 건 아니다. 비록 확률은 낮지만 잘되면 크게 성장할 수 있다. 그러한 성장이 누적되면 이른바 유니콘이 된다. 유니콘이란 아직 증권 거래소에 회사 주권이 상장되지는 않았지만 어쨌든 가장 마지막에 투자받은 주가를 기준으로 회사 주권의 총액이 대략 1조 원을 넘긴 회사를 가리킨다.

보다 구체적으로 베텔게우스의 주가가 오를 확률은 10%다. 열 번의 단위 시간이 지나는 동안 베텔게우스의 주가는 한 번 오른다는 뜻이다. 상황에 따라 다른 이해도 가능한데 가령 베텔게우스 같은 회사가 열 개가 있다면 단위 시간 후 그중 한 개의 주가가 오른다고 봐도 좋다.

베텔게우스의 손익 구조는 어떨까? 17장에 나왔던 말로 표현하자면 소실대득 또는 사소취대다. 작게 잃고 크게 얻거나 혹은 작은 걸 버리고 큰 걸 가지는 거다. 베텔게우스는 가격이 내려가면 10%만큼 내린다. 대신 가격이 오르면 100%만큼 오른다. 즉 처음 가격이 1만원이라고 할 때, 오르면 2만원이 되고 내리면 9000원이 된다.

이미 21장에서 손익 혹은 수익률의 기댓값은 장기적 관점에서 아무짝에도 쓸모없는 도구라는 걸 밝혔지만 베텔게우스에 다시 한번 적용해 보겠다. 베텔게우스의 수익률 기댓값은 100%에 0.1을 곱한 값에다가 마이너스 10%에 0.9를 곱한 값을 더한 1%다. 수익률 기댓값이 0보다 크기 때문에 경제학은 베텔게우스에 투자해야 한다고 이야기한다.

아무것도 하지 않고 베텔게우스를 있는 그대로 두면 장기적으로 무슨 일이 벌어질까? 베텔게우스의 손익 확률을 감안할 때 1만원에 2를 한 번 곱한 후 0.9를 아홉 번 곱해야 장기 결과를 알 수 있다. 그렇게 구한 열 번 후의 베텔게우스 가격은 7748원이다. 이번에도 여봐란듯이 단기 이익의 최대화는 장기 성장을 배신한다.

실망하기엔 이르다. 왜냐하면 베텔게우스는 여러분의 회사 혹은 여러분 자신이기 때문이다. 돈으로 산 상장 주권과 달리 여러분은 베텔게우스의 일이 더 좋아지도록 만들 힘을 가지고 있다. 돈 외의 수고, 땀, 정성, 궁리가 발휘될 여지가 있다는 뜻이다. 그런 게 있어야 진정한 투자다.

베텔게우스가 하는 일이 좋아지도록 뭔가를 할 때 그 효과는 두 가지 차원에서 나타날 수 있다. 바로 확률과 손익 구조다. 들인 정성이 효과가 있다면 이론적으로 확률이나 손익 구조가 유리해진다. 이는 베텔게우스의 장기 성장을 낳을 수 있다.

예를 들어, 성공 확률을 10%에서 15%로 끌어올릴 수 있다면 베텔게우스는 장기적으로 성장한다. 또 성공 확률이 그대로 10%라고 하더라도 가격이 오를 때 100%가 아닌 200%만큼 오른다면 이때도 장기 성장이 확보된다.

그렇지만 성공 확률이나 잘됐을 때의 성장 폭에 집중하는 건 헛수고에 가깝다. 성공 확률은 운의 비중을 감안컨대 크게 달라지기 어려운 대상이기 때문이다. 잘됐을 때의 성장 폭도 마찬가지다. 성공의 크기는 네트워크에 달려있기에 그 예측과 제어가 도무지 쉽지 않다. 셀럽이 된 사람의 인기를 사후적이 아니라 사전적으로 맞힌다고 생각해 보면 무슨 말인지 감이 잡힐 거다.

그나마 현실적으로 바꾸는 게 가능한 대상은 잘못됐을 때의 하락 폭이다. 과도한 욕심과 생존을 위협할 무모함을 버리면 이는 저절로 줄어들기 마련이다. 가령 하락 폭을 10%에서 7%로만 줄여도 베텔게우스는 장기적으로 성장한다. 반반의 확률로 큰 손실을 보는 스피카나 낮은 확률로 더 큰 손실을 보는 아크룩스 같은 것들도 손실의 크기를 줄일 수 있다면 매한가지로 장기 성장이 실현 불가능한 목표가 아니다.

그러면 장기 성장에 가까워지는 데 도움이 될 사항 두 가지를 이야기해 보겠다. 첫째는 투자를 장기적 경기로 바라보는 거다. 쉽게 말해 100미터 달리기가 아니라 마라톤을 뛰는 선수가 되어야 한다는 이야 기다.

물론 마라톤 선수도 100미터의 단거리를 뛰기는 한다. 그러나 둘 사이에는 차이가 있다. 100미터 달리기 선수는 100미터 경기에 이기 려고 뛴다. 마라톤 선수는 마라톤에서 이기려고 매 100미터 구간을 뛴다. 마라톤 선수가 눈앞의 100미터 기록에 눈이 멀어 전력 질주를 한다면 중도에 기권하지 않을 재간이 없다.

둘째는 투자라는 장기적 경기에 종국에 이길 수 있도록 지속 가능 한 방식으로 경기하는 거다. 일례로 밤을 새워 일하는 건 당장의 단기 성과를 내는 데 도움이 된다. 그렇지만 이걸 몇 달 혹은 그 이상의 기 간 동안 계속한다면 무기력증과 관계 파탄 같은 게 뒤따르기 십상이 다. 몸의 건강, 마음의 평화, 두뇌의 명철, 가정의 화목 등은 한번 잃고 나면 되찾기가 쉽지 않다.

15장에 나왔던 버크셔해서웨이는 이런 면으로 귀감이 될 만하다. 보통 버크셔의 성공을 워런 버핏이 해 온 가치 투자의 결과로 이해하 는 사람이 많다. 그런데 가치 투자의 정의는 사람마다 조금씩 다르다. 가령 가치 투자를 버핏의 스승 벤저민 그레이엄의 안전 마진으로만 이해한다면 그것만으로 버크셔의 모든 성공을 설명할 수 없다.

버크셔 성공의 진정한 원동력은 사실 찰리 멍거의 방식에 있다. 멍 거는 세상 경험에서 나오는 지혜, 잘못된 판단의 회피, 정념에 휘둘리 지 않는 일상의 세 가지를 중요하게 여긴다. 이러한 멍거의 방식은 단기 이익 대신 장기 성장을 택하도록 이끈다. 그리고 버크셔의 성공을 설명하면서 멍거와 버핏이 공유하는 시간 지평선의 길이를 이야기하지 않을 수 없다. 버핏과 멍거는 정말이지 단기적 게임과는 친하지 않았다.

한편으로 이 장의 이야기를 너무 가볍게 받아들일까 봐 걱정스럽다. 장기 성장이 마치 무슨 숫자 장난으로 얻을 수 있는 만만한 거라고 여기지 않았으면 좋겠다. 다시 한번 이야기하지만, 베텔게우스의 성격을 바꾸려면 적지 않은 수고와 땀이 필요하다. 이는 결코 공짜가 아니다. 다각화는 공짜 점심일지 몰라도 장기 성장은 그렇지 않다.

그렇다고 그게 불가능한 일만은 아니다. 특히 잘못될 일의 크기를 줄이는 건 해 보면 생각보다 쉽다. 장기 성장은 말 그대로 오랜 시간이 필요하다. 빨리 잭팟을 터트리고 싶은 조급한 마음이 문제라는 이야기다. 지금 전력 질주해 봐야 중간에 퍼질 뿐이다.

마케팅의 구루 세스 고딘Seth Godin은 언젠가 다음과 같은 말을 했다. "실제의 지름길은 종종 우회로처럼 보인다. 사람들은 그걸 이해하지 못한다. 그들은 언제나 지름길처럼 보이는 지름길만 찾는다." 고딘이 투자를 생각하며 앞 이야기를 하지는 않았다. 그렇지만 투자도 다르지 않다.

얻을 수만 있다면 장기 성장은 그 무엇보다도 맛난 점심이 될 터다.

보통의 투자자는
시장 평균보다 낮은 수익률을 얻는다

11장에서 상장 주권을 거래하는 평균적인 보통의 투자자는 주가지수의 수익률을 얻는다고 이야기했다. 주가지수는 주권 시장 전체를 아우르는 지표기 때문에 그렇다는 설명도 곁들였다.

사실 그 장에서 실제로 그렇게 된다는 증거가 나오지는 않았다. 주권을 실제로 거래하는 사람들의 데이터를 분석한 끝에 그런 결론을 얻은 건 아니라는 이야기다. 그보다는 다각화의 혜택 때문에 합리적인 투자자라면 완전히 다각화된 시장 포트폴리오를 가지는 게 옳고 그렇다면 주가지수의 수익률을 당연히 얻을 거라는 두 단계 과정이 이유로 제시됐을 뿐이었다.

이번 장에서는 정말로 보통의 투자자가 시장 평균, 즉 주가지수의 수익률을 얻는지를 알아보려 한다. 알아보는 방법은 지금까지와 같다. 구체적인 숫자를 가지고 실험을 해 보는 거다. 보통의 투자자가 주가지수의 수익률을 얻는다고 금융학이 주장하니 일단은 그 주장이 맞다고 치고 그걸 가설로 삼아 검증을 해 보겠다는 이야기다.

이 책을 앞에서부터 차례로 읽었다면 벌써 머리가 복잡할 것 같다. 19장에서 주가지수에는 생존자 편향이 있어 그 수익률이 실제 수익률보다 높다는 사실이 기억날 거라서다. 그 이야기를 여기서 반복할 생각은 없다. 비현실적이기는 하지만 상장폐지되는 주권이 없다는 가정하에서 실험하려 한다.

실험에 사용할 주권의 이름은 하다르다. 하다르는 센타우루스자리의 베타별이다. 베타별이라고 해서 하다르를 얕잡아 보면 곤란하다. 왜냐하면 겉보기 등급이 0.61로 밤하늘에서 열 번째로 밝은 베텔게우스 바로 다음으로 밝기 때문이다. 하필 겉보기 등급이 마이너스 0.01인 리길과 1.33인 톨리만이 겹쳐 보이는 알파별이 센타우루스자리에 있는 탓이다.

주권으로서 하다르는 가격이 오르고 내릴 확률이 50%로 같다. 이러한 성질은 이름이 세 글자인 스피카나 카펠라와 공통이다. 차이는 손익 구조다. 하다르는 주가가 오를 때 40%만큼 오르고 내릴 때도 40%만큼 내린다. 즉 오르고 내리는 폭의 크기도 서로 같다. 오르고 내리는 확률이 같고 또 변동 폭도 같으니, 하다르를 두고 가장 공평한 주권이라고 이야기할 만하다.

참고삼아 하다르의 수익률 기댓값을 구해 보겠다. 하다르의 처음 주가가 1만원이라고 가정할 때 이익과 손실은 둘 다 4000원으로 같다. 그런데 이익과 손실의 확률도 50%로 서로 같다. 즉 손익의 기댓값은 0원이다. 따라서 수익률의 기댓값 역시 0%다.

보통의 투자자가 주가지수의 수익률을 얻는다는 가설을 검증하려면 먼저 주가지수를 구할 필요가 있다. 주가지수는 보통 천 개가 넘는 주권의 가격을 가지고 구하는데 여기서는 하다르 하나뿐이다. 막다른 골목에 다다른 것 같겠지만 그렇지 않다. 하다르는 사실 위에서 묘사한 성질을 공통으로 가지는 주권 전체를 가리키기 때문이다.

하다르를 이해하는 한 가지 방법은 투자자 한 명마다 각각 다른 하다르를 거래한다고 생각하는 거다. 가령 천 명의 사람이 주권을 거래한다면 하다르 일 번부터 하다르 천 번까지 천 가지의 하다르가 있는 셈이다.

처음 거래를 시작할 때의 모든 하다르 주가는 1만원으로 같다. 하지만 이후 각각의 하다르 주가는 독립적으로 변한다. 그럼에도 다음 번 주가가 이번 주가에서 같은 확률로 40%만큼 오르거나 내린다는 성질에는 모든 하다르가 변함이 없다.

위에서 설명한 대로 하다르를 상상하면 주가지수를 쉽게 구할 수 있다. 가령 하다르가 모두 천 가지라고 할 때 그들의 최초 주가는 1만원으로 같다. 1만원이 천 개 있으므로 전체 시가 총액은 1000만원이다. 이 금액에 대응하는 주가지수를 1만으로 정한다. 달리 말해 시점마다 각 하다르의 주가를 산술 평균하면 주가지수가 된다.

그럼, 바로 다음번의 주가지수는 얼마가 될까? 천 가지의 하다르 중 반 수인 500가지는 주가가 40% 올라 1만4000원이다. 나머지 500가지는 주가가 40% 내려 6000원이다. 이를 산술 평균하면 1만이 나온다. 즉 처음과 같은 값이다.

그다음번은 어떨까? 1만4000원이었던 500가지 중 250가지는 1만9600원이 되고 나머지 250가지는 8400원이 된다. 또 6000원이었던 500가지 중 250가지는 8400원이 되고 나머지 250가지는 3600원이 된다. 이를 산술 평균한 값은 또다시 1만이다.

두 번을 해 봤는데 개별 하다르의 주가에는 변동이 있지만 주가지수에는 아무런 변동이 없다. 왜 이럴까? 이를 완벽하게 설명할 이유가 있다. 앞에서 이미 구해 본 하다르의 수익률 기댓값이 0%기 때문이다. 수익률의 기댓값이 0%다 보니 주가지수도 변할 수가 없는 거다.

여기서 더 계산해 보이지는 않겠지만 세 번째, 네 번째, 혹은 그 이상의 주가지수는 어떻게 될까? 답을 이야기하자면 몇 번째라도 1만이다. 10번째, 100번째, 1000번째여도 마찬가지다. 주가지수의 수익률 기댓값이 0%면 주가지수는 영원히 변하지 않는다.

주가지수의 수익률, 즉 시장의 평균 수익률을 구했으니 이제 보통의 평균적인 투자자가 어떤 수익률을 얻는지 확인만 하면 된다. 하다르가 모두 천 가지라고 놓았으니까, 보통의 평균적인 투자자는 높은 수익률을 얻은 순서대로 줄을 세웠을 때 앞에서부터 500번째에 해당하는 사람이 될 거다.

딱 중간인 그 투자자가 얻은 수익률은 거래 기간이 얼마나 기냐에 따라 달라진다. 두세 번 가지고 장기 투자를 말할 수 없음은 분명하다. 일단 100번의 시간이 지났을 때를 가지고 이야기하겠다. 100번의 투자 기간이 지난 후 보통의 평균적인 투자자가 가진 하다르의 주가는 1.64원이다. 하다르의 최초 주가가 1만원이었으므로 그 투자자가 입은 손실률은 99.98%다.

이로써 보통의 평균적인 투자자는 주가지수의 수익률을 얻는다는 가설은 거짓임이 판명되었다. 보통의 투자자는 주가지수보다 낮은 수익률을 얻는다. 주가지수가 올랐으니, 보통의 투자자도 이익을 봤을 거라는 주장은 신기루나 다름없다.

평균적인 투자자가 100번의 시간 후에 99.98%의 돈을 잃었다는 게 이 이야기의 전부가 아니다. 그에 못지않게 끔찍한 이야기가 있다. 하다르에 투자한 사람 천 명 중 100번의 시간이 지난 후에 원금에 손실을 나지 않은 사람은 몇 명이나 될까? 사람 머릿수의 반올림이 가능하다면 모두 18명이다. 비율로 이야기하자면 1.76%다. 달리 말해 손실이 난 사람의 비율은 98.24%다.

혹시 100번보다 더 장기가 되면 어떻게 될지 궁금한 사람이 있을지도 모르겠다. 가령 1000번의 시간 동안 투자한다면 보통의 평균적인 투자자가 가진 하다르의 주가는 약 10의 38제곱분의 1원으로 줄어든다. 엄밀한 숫자를 제시했지만, 너무 작은 숫자라 그냥 0원이라고 봐도 무리가 없다.

원금 이상으로 돈을 불린 사람은 그러면 몇 명일까? 만 명 중에 0.0000004명이다. 100억 명이 하다르에 투자했다면 0.4명이 원금보다 더 많은 돈을 가지게 된다는 이야기다. 사람은 소수가 될 수 없으므로 관대하게 0.4명을 1명으로 친다면 나머지 99억9999만9999명은 돈을 잃는다.

즉 보통의 투자자를 포함해 거의 모든 투자자는 장기적으로 시장 평균보다 낮은 수익률을 얻는다.

레버리지는 망할 가능성을
높인다

이제 2부 '새로운 투자: 기초 편'의 마지막 장이다. 이번 장에서는 레버리지, 즉 빌린 돈으로 투자하는 걸 새로운 각도에서 바라보려 한다. 1부 '과거의 투자'의 마지막 장인 12장에서는 레버리지가 수익률을 높인다고 이야기했다. 레버리지라는 말을 좀 더 자세히 알고 싶다면 12장부터 먼저 읽고 와도 좋다.

여기서 실험에 사용할 대상은 12장에 나왔던 카펠라다. 카펠라의 가격이 오르거나 내릴 확률은 각각 50%다. 카펠라의 가격이 오르면 100%만큼 오르고 내리면 40%만큼 내린다.

지금까지 나왔던 모든 투자 자산을 두고 했던 것처럼 먼저 수익률의 기댓값을 구해 보겠다. 카펠라의 수익률 기댓값은 100%에 0.5를 곱한 값에 마이너스 40%에 0.5를 곱한 값을 더한 것으로써 그 값은 30%다.

카펠라는 예외적인 존재다. 수익률의 기댓값이 0보다 크면서도 내 버려두면 장기 성장할 자산이기 때문이다. 카펠라는 가격이 오를 확률과 내릴 확률이 서로 같으므로 한 번 오르면 한 번 내린다고 생각할 수 있다. 카펠라의 최초 가격이 1만원이라고 할 때 먼저 오르면 2만원이 되었다가 이어 내리면 1만2000원이 되기 때문이다.

그런데 한 가지 분명히 할 게 있다. 장기 성장하는 자산이라고 해서 언제나 반드시 성공하는 건 아니다. 시간이 충분히 장기가 아니면 때로는 실패할 때도 있다. 아예 단기면 말할 필요도 없다.

카펠라를 예로 들어 설명해 보겠다. 장기 성장하는 자산으로 확인된 카펠라지만 단기적으로는 손실이 날 때가 적지 않다. 가령 첫 번째 시간에 카펠라가 손실이 나 있을 확률은 얼마일까? 위에서 이야기한 대로 50%다. 달리 말해 카펠라에 투자한 사람 두 명 중 한 명은 손실을 본다. 또 세 번째와 다섯 번째 시간이 되어도 여전히 두 명 중 한 명은 손실이다.

하지만 그보다 시간이 길어지면 슬슬 장기 성장하는 모습이 드러나기 시작한다. 가령 일곱 번째 시간이 되면 손실을 볼 확률이 22.7%로 준다. 달리 말해 100명 중 77명이 이익을 본다. 이처럼 시간이 길어짐에 따라 이익을 보는 사람 수가 증가하는 경향은 자산이 장기 성장한다는 강력한 증거다.

그렇다면 100번째 시간이 됐을 때 처음보다 돈이 불어난 사람은 얼마나 될까? 백 명 중 93명 정도다. 확률로는 93.3%다. 첫 번째 시간의 50%보다 확실히 늘어났다. 확인된 추세로 보건대 100번째보다 더 시간이 길어지면 돈이 불어난 사람의 수는 점점 100명에 가까워진다. 이런 게 바로 장기 성장의 본질적인 성질이다.

카펠라가 장기 성장한다는 사실은 이제 완전히 확인했지만 100번째 시간에도 손실이 나 있는 사람이 없지는 않다. 백 명 중 운이 나쁜 일곱 명 정도는 손실을 본다. 그 일곱 명도 희망을 버릴 필요는 없다. 1000번째 시간이 되면 일곱 명 중 네 명 반은 이익이 난다. 달리 말해 카펠라에 투자한 사람이 1000번째 시간에 손실을 볼 확률은 2.5%밖에 안 된다. 즉 시간은 장기 성장하는 자산에 투자한 사람의 벗이요, 친구다.

그러면 이번에는 카펠라에 투자할 때 레버리지를 사용해 보겠다. 우선 너무 과하지 않은 1.5배의 레버리지를 검토하려고 한다. 레버리지가 1.5배라는 말은 원금 1배에 더해 0.5배의 돈을 빌렸다는 뜻이다. 즉 레버리지의 배 수에서 1을 뺀 값이 원금에 대한 실제로 빌린 돈의 상대적 크기다.

레버리지를 사용하면 수익률의 기댓값은 올라간다. 그게 12장의 내용이었다. 올라가는 건 수익률의 기댓값만이 아니다. 손실을 볼 확률도 올라간다.

구체적인 숫자로 확인해 보겠다. 1.5배의 레버리지로 카펠라에 투자했을 때 100번째 시간이 지난 후 백 명 중 손실을 보는 사람의 수는

46명이다. 아까 일곱 명에 비해 일곱 배 가까이 늘었다. 또한 백 명 중 여덟 명은 정확히 원금이다. 달리 말해 이익을 본 사람은 이제 46명밖에 안 된다. 멀쩡히 장기 성장하던 카펠라가 레버리지 때문에 장기 성장의 성질을 잃었다는 이야기다.

레버리지 없이 자기 돈만으로 카펠라에 투자한 사람이 파산할 일은 없다. 왜냐하면 카펠라의 가격이 매번 이전의 60%로 떨어질지언정 완전히 0원 이하로 내려갈 일은 없기 때문이다.

파산하지 않는 건 1.5배의 레버리지로 카펠라에 투자한 사람도 동일하다. 아무리 돈이 줄어들어도 매번 남아 있는 돈의 50%만 빌려 투자하기 때문이다. 가령 내 돈 1억원에 5000만원을 빌려 카펠라를 샀다가 잘못되면 9000만원으로 준다. 그 돈은 빌린 돈의 원금인 5000만원을 갚기에 충분하다. 그렇게 갚고 나면 4000만원은 남아 있다. 즉 1.5배의 레버리지에 무이자로 카펠라에 투자하면 돈을 잃었을 때 60%가 남는 대신 40%만 남는다.

앞의 결과는 사실 비현실적이다. 돈을 빌려 놓고 이자를 내지 않았다는 가정하에 얻은 결과라서다. 돈을 빌려주는 돈놀이의 이유는 이자를 받기 위해서다. 물론 그게 돈놀이가 온당하다는 의미는 아니다.

만약 한 단위 기간의 이자율이 5%라면 앞의 결과는 어떻게 될까? 이자율이 5%라는 말은 지금 1억원을 빌렸으면 다음번에 1억원의 5%인 500만원의 이자를 원금 1억원과 함께 곧바로 반드시 갚는 것을 뜻한다. 이때 자산 가격이 내려가 원금과 이자를 갚을 돈이 없으면 그때는 파산이다. 한 번 파산하면 더 이상 그 뒤로는 돈을 빌릴 수도, 투자를 할 수도 없다.

이자율이 5%면 100번째 시간에 이익이 나 있을 사람이 백 명 중 46명에서 24명으로 반 가까이 준다. 나머지 76명은 손실이다. 만약 이 자율이 10%라면 어떻게 될까? 그때는 백 명 중 일곱 명 정도만 이익을 본다. 나머지 93명은 손실을 면하지 못한다. 다행이라면 다행인 게 그래도 파산은 없다. 가령 5000만원을 빌렸을 때 10% 이자는 500만 원이다. 앞에서 원금 5000만원 갚고 남아 있는 4000만원으로 이자를 주기에 모자람이 없다.

금융 시장에서 결코 드물지 않은 두 배 이상의 레버리지라면 이야 기가 다르다. 일단 두 배에 무이자라 하더라도 100번째 시간에 이익을 볼 사람이 백 명 중 세 명이 전부다. 확률로는 2.84%다. 나머지 97 명은 모두 손실을 본다. 백 명 중 97명이 손실을 보는 건 새로운 투자에서 투자가 아니다.

5%의 이자를 줘야 하면 백 명 중 세 명의 생존자는 0.3명으로 줄어든다. 즉 천 명 중 세 명이라는 이야기다. 10%의 이자라면 이익을 보는 사람이 만 명 중 한 명에 조금 못 미친다. 나아가 레버리지가 2.5배라면 이제 이자가 없다고 해도 파산이 발생하기 시작한다. 그때 100 번째 시간에 이익을 볼 확률은 8을 10의 31제곱으로 나눈 값과 같다.

알고 보면 4장에 나왔던 제이콥 리틀과 6장에 나왔던 제시 리버모어 둘 다 레버리지의 화신이었다. 30배 혹은 그 이상의 레버리지도 마다하지 않았기에 남들 눈에 띄는 성과가 났던 거였다. 그런 레버리지는 결국 그들의 숨통을 끊었다.

1857년 금융 공황 때 모든 돈을 잃고 파산한 리틀은 1865년 71살의 나이로 쓸쓸히 죽었다. 그래도 리틀의 처지는 그나마 리버모어보다는 나았다. 1934년에 파산한 리버모어는 다시는 재기하지 못했다. 리버모어가 1929년 월가 대폭락 때 공매도로 천문학적인 돈을 벌었음을 생각하면 그의 최종 파산은 믿기 어려운 일이었다. 리버모어는 63살 때인 1940년 권총 자살을 택했다.

카펠라, 리틀, 리버모어가 증명했듯이 레버리지는 망할 가능성을 높인다. 장기 성장하는 자산도 레버리지를 사용하면 장기적으로 망하는 자산으로 바뀐다. 한마디로 장기 성장의 반대인 장기 파멸을 택하면 장기적으로 반드시 망한다.

새로운 투자
[응용 편]

장기 성장인지 단기 이익인지를
판별하는 방법

이번 장은 이 책의 3부 '새로운 투자: 응용 편'의 시작이다. 3부는
1, 2부의 각각 12개 장보다 적은 모두 8개 장으로 이루어진다. 이름에
서 미루어 짐작할 수 있듯이 3부는 2부 '새로운 투자: 기본 편'에서 다
진 기반을 바탕으로 좀 더 깊게 응용하는 내용이다. 혹시 1, 2부를 건
너뛰고 3부로 직행한 사람이 있다면 최소한 2부는 먼저 읽고 여기로
되돌아오기를 바란다. 2부의 내용이 뒷받침되지 않는다면 3부를 읽고
이해하기가 쉽지 않다.

3부에서 첫 번째로 다룰 내용은 장기 성장과 단기 이익을 어떻게
구별하는가다. 2부를 다 읽은 사람이라면 이미 어느 정도 감을 잡았을

표 25.1 스피카, 카펠라, 알타이르의 특성

	스피카	카펠라	알타이르
가격이 오를 확률	0.5	0.5	0.98
가격이 내릴 확률	0.5	0.5	0.02
가격 상승률	100%	100%	3%
가격 하락률	−75%	−40%	−95%
수익률 기댓값	12.5%	30.0%	1.04%
장기 성장 여부	아니오	예	아니오

거다. 여기서는 그걸 좀 더 명확하게 설명하고 추가로 보다 쉬운 방법을 이야기하려 한다.

앞에 나왔던 자산 중 몇 개를 예로 사용하겠다. 9장과 21장에 나온 스피카, 12장과 24장에 나온 카펠라, 그리고 21장에 나온 알타이르다. 위의 표 25.1에 스피카, 카펠라, 알타이르의 특성을 정리해 두었다.

일단 단기 이익부터 설명하겠다. 단기 이익은 수익률의 기댓값이 0보다 큰 자산이 가지는 성질이다. 수익률의 기댓값은 바로 경제학 교과서가 투자할지 안 할지의 판단에 사용하라고 가르치는 도구다. 수익률의 기댓값이 0보다 크다면 그 자산은 단기의 평균적 관점에서 이익을 기대할 수 있다.

장기 성장은 시간이 감에 따라 가격이 처음보다 높아질 가능성이 점점 커지는 자산의 성질이다. 다르게 표현할 수도 있는데 장기 성장하는 자산에 투자하면 시간이 갈수록 처음보다 돈을 번 사람의 비율이 점점 늘어난다.

경제학 교과서는 단기 이익이 곧 장기 성장이라고 주장한다. 이 주장은 참이 아니다. 표 25.1에서 스피카와 알타이르는 수익률의 기댓값이 0보다 크지만, 장기 성장하지 않는다는 걸 확인할 수 있다. 표 25.1의 카펠라처럼 단기 이익이면서 장기 성장도 하는 자산도 있기는 있다. 문제는 수익률 기댓값만으로는 자산이 장기 성장할지 말지를 알 수가 없다는 점이다.

그럼 거꾸로 장기 성장하는 자산 중에 단기 이익이 아닌 자산이 있을까? 그런 건 없다. 장기 성장하는 자산은 수익률의 기댓값이 반드시 0보다 크다. 그러니까 장기 성장하면 단기 이익은 저절로 만족이 된다.

앞 2부에서 이미 사용해 보였던 장기 성장을 확인하는 방법은 가격이 오르고 내릴 확률에 맞춰 가격의 변동을 실제로 구해보는 거였다. 스피카를 먼저 예로 들면, 오르고 내릴 확률이 50%로 서로 같다. 그러므로 한 번 오르고 한 번 내린 후의 가격을 보는 거다.

스피카의 최초 가격이 1만원이라 할 때 한 번 오른 후에 2만원이 됐다가 한 번 내린 후에 5000원이 된다. 1만원이던 게 두 번 만에 5000원으로 내려갔으므로 시간이 길어질수록 더 내려갈 거다. 그래서 스피카는 장기 성장이 아니다.

이번에는 카펠라를 보겠다. 카펠라도 스피카와 마찬가지고 오르고 내릴 확률이 서로 같다. 따라서 각각 한 번씩 오르고 내린 후의 가격을 보면 된다. 카펠라의 최초 가격도 1만원이라고 할 때 먼저 오르면 2만원이 되었다가 다시 내리면 1만2000원이 된다. 1만원이던 가격이 두 번 만에 1만2000원으로 올라갔으므로 시간이 길어질수록 더 올라갈 거다. 그래서 카펠라는 장기 성장이다.

카펠라는 스피카에서 잘못된 일을 줄인 자산이라고 이해할 수도 있다. 22장에 나온 잘못될 일의 크기를 줄이면 장기 성장을 이룰 수 있다는 이야기에 꼭 들어맞는 사례인 셈이다. 장기 성장에 가까워지는 지름길은 잘못될 일의 크기를 줄이는 거다.

알타이르는 장기 성장을 어떻게 확인할 수 있을까? 기본적인 방법은 스피카나 카펠라와 똑같다. 오를 확률이 98%고 내릴 확률이 2%면 그 확률의 비는 49:1이다. 그러므로 49번 오르고 1번 내린 뒤의 가격을 보면 된다.

알타이르의 최초 가격이 1만원이라고 할 때 오를 때 3%만큼 오르므로 1.03을 49번 연속으로 곱하고 내릴 때 95%만큼 떨어지므로 0.05를 추가로 한 번 더 곱하면 50번 후의 가격이다. 계산해 보면 2128원이다. 1만원이던 가격이 50번 만에 2128원으로 내려갔으므로 시간이 길어질수록 더 내려갈 거다. 그래서 알타이르는 장기 성장이 아니다.

방금 알타이르를 계산할 때 느꼈겠지만 오르고 내리는 확률이 복잡한 숫자면 앞에 나온 장기 성장 확인법을 쓰는 게 까다로워진다. 그래서 그런 때도 문제없이 쓸 방법을 지금부터 이야기하겠다. 즉 지금부터 이야기할 방법이 모든 상황에 사용할 수 있는 가장 일반적인 방법이다.

먼저 성장 수익률을 정의하겠다. 성장 수익률은 자산의 가격이 단기적 이익에 그치지 않고 장기적 성장으로 이어질 수 있는 수익률이다. 이번 가격과 다음번 가격이 있을 때, 성장 수익률은 이번 가격을 다음번 가격으로 나눈 값이 진수면서 밑이 오일러 수 e인 자연로그 값으로 정의된다. 성장 수익률을 식으로 나타내면 아래와 같다. S_t는 시간이 t일 때 가격이다.

$$\text{성장 수익률} = \ln\left(\frac{S_{t+1}}{S_t}\right)$$

오일러 수 e와 자연로그라는 말이 외계어처럼 들리는 사람이 있을 거다. 겁먹을 필요 없다. e는 대략의 값이 2.72인 무리수다. 오일러는 e를 최초로 표기한 18세기 수학자 레온하르트 오일러의 성을 딴 결과다. 자연로그 값은 가령 엑셀에서 함수 ln( )으로 쉽게 구할 수 있다. 자연로그를 포함한 로그의 기본적인 성질로 진수가 1이면 로그값은 0이다. 즉 다음번 가격이 이번 가격과 같으면 성장 수익률은 0이다.

장기 성장일지를 판별하는 방법은 바로 성장 수익률의 기댓값을 구해 보는 거다. 성장 수익률의 기댓값이 0보다 크면 반드시 장기 성장하고 0보다 작으면 장기 파멸한다. 성장 수익률 기댓값이 정확히 0이면 여기에 투자해 장기적으로 돈을 불릴 사람은 전체의 반이다. 또한 이미 발생한 과거의 가격 변동으로부터 성장 수익률의 평균을 구하면 그게 바로 시간 평균 수익률이다. 시간 평균 수익률이 0보다 크다는 건 처음보다 성장했음을 의미한다.

그러면 스피카에 바로 앞의 장기 성장 판별법을 적용해 보겠다. 스피카는 가격이 오르면 100%만큼 오르므로 가격이 오를 때의 성장 수익률은 ln(2/1)로서 그 값은 약 0.69다. 가격이 내리면 마이너스 75%만큼 내리므로 가격이 내릴 때의 성장 수익률은 ln(0.25/1)로서 그 값은 약 마이너스 1.39이다. 오르고 내릴 확률은 각각 50%니까 성장 수익률의 기댓값은 0.69와 마이너스 1.39에 각각 0.5를 곱해 더한 마이너스 0.35다. 성장 수익률의 기댓값이 0보다 작으므로 스피카는 장기 성장이 아니다.

카펠라는 어떨까? 가격이 오를 때의 성장 수익률은 스피카와 같고 가격이 내릴 때의 성장 수익률은 ln(0.6/1)으로서 약 마이너스 0.51이다. 각각 50%인 오르고 내릴 확률을 감안해 성장 수익률의 기댓값을 구하면 0.09가 나온다. 따라서 카펠라는 장기 성장한다.

알타이르도 마저 확인해 보겠다. 3%만큼 오르는 가격이 오를 때의 성장 수익률은 ln(1.03/1)로서 그 값은 약 0.03이다. 95%만큼 내리는 가격이 내릴 때의 성장 수익률은 ln(0.05/1)로서 그 값은 약 마이너스 3이다. 성장 수익률의 기댓값은 0.03 곱하기 0.98에 마이너스 3 곱하기 0.02를 더한 마이너스 0.03이다. 그러므로 알타이르는 장기 성장하지 않는다. 아래 표 25.2에 계산 결과를 정리해 놓았다.

장기 성장하던 회사도 장기 성장을 외면하고 단기 이익에만 목매면 고꾸라지는 건 순식간이다. 경영의 역사에는 이런 사례가 흔하디흔하다. 최근에 시끄럽기 짝이 없는 보잉이 한 예다.

예일대학에서 엔지니어링을 배우다 만 윌리엄 보잉William Boeing

표 25.2 스피카, 카펠라, 알타이르의 성장 수익률과 성장 수익률 기댓값

	스피카	카펠라	알타이르
가격이 오를 때 성장 수익률	0.69	0.69	0.03
가격이 내릴 때 성장 수익률	−1.39	−0.51	−3.00
성장 수익률 기댓값	−0.35	0.09	−0.03
장기 성장 여부	아니오	예	아니오

이 1916년에 설립한 회사 보잉은 대공황 여덟 달 전 비행기 엔진 회사 프랫앤드휘트니와 합병해 거대 기업이 되었다. 1934년 보잉은 반독점법 위반으로 세 개로 분할되었다. 보잉의 미국 동부 제조 공장은 프랫앤드휘트니와 세계 1위의 엘리베이터 회사 오티스를 거느린 유나이티드테크놀로지스가 되었고 보잉의 항공 운송 사업부는 오늘날의 유나이티드항공이 되었다.

나머지 미국 서부의 제조 공장이 오늘날의 보잉이다. '하늘의 여왕'이라는 별명을 가진 점보 747을 만든 보잉은 20세기 후반 견고하게 성장하는 회사였다. 보잉의 엔지니어들이 자존심을 걸고 최고의 항공기를 만들기 위해 온 힘을 다한 결과 보잉의 항공기는 안전의 대명사로 통했다.

요즘 보잉이 뉴스에 나오는 이유는 사고 때문이다. 그것도 황당하기 짝이 없는 사고다. 일례로 2024년 1월 알래스카항공의 보잉 737 맥스는 비행 중 비상구 덮개가 뜯겨 나갔다. 원인은 덮개에 볼트 박는 걸 까먹어서였다. 그나마 사람이 죽거나 다치진 않은 알래스카항공의 737 맥스는 운이 좋았다. 2018년 인도네시아 라이언항공의 같은 기종은 이륙 후 13분 만에 자바해에 추락해 189명이 숨졌다. 2019년에도 에티오피아항공의 같은 기종이 이륙 후 6분 만에 추락해 157명이 죽었다.

왜 보잉이 이렇게 변한 걸까? 계기가 있었다. 1997년 보잉은 전투기 회사 맥더널더글러스를 인수했다. 인수는 보잉이 했지만, 보잉의 최고 경영진은 오히려 맥더널더글라스 사람들이 채웠다. 재무와 회계 배경을 가진 그들은 비용 절감과 효율성 향상을 주장했다. 2001년 본사를 시애틀에서 시카고로 옮기고 2005년 비행기 동체 제조 공장을 별개의 회사로 분리해 사모 펀드에 판 것도 장기 성장에 눈감으면서 단기 이익을 올리기 위한 방편이었다.

그러한 시기에 개발된 787 드림라이너와 737 맥스가 문제투성이인 건 당연한 귀결이었다.

얼마를 투자하는 게 잘하는 걸까?
(상)

투자하다 보면 고민스러운 일 중 하나가 바로 투자 금액이다. 겁이 많은 사람이라면 큰돈을 넣기가 아무래도 두렵다. 넣었다가 확 쪼그라들면 어쩌나 하는 걱정이 앞서는 거다. 그래서 막상 투자한 대상의 가격이 올라도 큰돈을 벌지 못한다.

반대도 문제다. 큰돈을 투자하면 물론 잘됐을 때 버는 돈이 크다. 하지만 수익에 대한 기대가 큰 만큼 리스크도 따라 커진다. 많은 돈을 넣었다가 가격이 내려가면 손실이 크다. 이래저래 근심만 쌓일 뿐이다.

특히 돈을 벌 가능성이 크다고 생각했을 때가 어렵다. 가령 돈을 벌 확률이 100%라면 어떻게 해야 할까? 그게 진짜 100%라면 그냥 가진 돈만으로 투자하기보다는 레버리지를 사용하는 게 최선일 거다. 이자를 물더라도 그 이상의 수익이 난다면 말이다. 이론적으로는 이럴 때 돈을 엄청나게 불릴 수 있다.

그게 바로 20세기 말 전설의 헤지펀드 롱텀캐피털매니지먼트 Long-Term Capital Management가 걸어간 길이었다. 1994년에 생긴 롱텀은 시작부터 업계와 학계의 큰 관심을 끌었다. 왜냐하면 공동창업자 중 두 명이 1997년에 노벨 기념상을 공동으로 받을 정도로 이름난 교수였기 때문이었다.

롱텀의 성과는 업계의 부러움을 샀다. 연 2%의 고정된 운용 보수와 25%의 성과 보수를 제하고도 1994년부터 1997년까지 매년 각각 21%, 43%, 41%, 17%만큼 이익을 냈다. 특히 한국이 큰 타격을 받은 아시아 금융 위기의 해인 1997년에도 이익을 얻었다는 건 자랑할 만한 결과였다.

롱텀은 장기 투자한다고 이야기했다. 단적으로 회사 이름을 번역하면 '장기자본관리'였다. 실제는 그렇지 않았다. 롱텀은 만기가 긴 미국 국채를 거래했을 뿐이었다. 거기서 나오는 이익의 크기는 소소했다. 롱텀은 30배가 넘는 레버리지를 통해 소소한 이익을 크게 키웠다. 롱텀은 자신들이 돈을 잃는 일은 수백만 년에 한 번 나올까 말까 하다고 판단했다. 그런 일은 고작 5년째인 1998년에 일어났다. 롱텀은 전 세계 금융 시장을 혼돈으로 몰아넣으며 파산했다.

너무 적게 해도 문제고, 너무 많이 해도 문제인 투자 금액을 적절히 조절하는 방법이 없을까? 실제로 없지 않다. 대표적으로 켈리 공식이 있다. 켈리 공식은 텍사스 오스틴대학 물리학 박사로 벨연구소에서 일하던 존 켈리John Larry Kelly가 1956년에 유도한 공식이다.

켈리 공식은 전 재산의 얼마를 투자해야 하는지를 알려주는 공식이다. 즉 공식의 출력값은 비율이다. 그 비율을 켈리 비율이라고 부르겠다. 가령 전 재산이 10억원인데 켈리 비율이 5%라면 5000만원을 투자해야 한다는 의미다.

켈리 공식의 입력값은 자산마다 다르다. 즉 켈리 공식을 사용하려면 먼저 자산의 가격이 오르고 내릴 확률과 수익 구조를 알아야 한다. 이 책에 나온 자산들은 모두 그러한 정보가 있다. 그러므로 자산별로 최적의 투자 비율을 모두 구할 수 있다.

이제 켈리 공식을 소개하겠다. 아래 공식에서 켈리 비율은 f_K, p는 가격이 오를 확률, d는 가격 하락률, u는 가격 상승률이다.

$$f_K = -\left(\frac{p}{d} + \frac{1-p}{u}\right)$$

그럼, 바로 앞 25장에서 장기 성장이 확인됐던 카펠라에 켈리 공식을 적용해 보겠다. 가격이 오를 확률 p는 0.5, d는 마이너스 0.4, u는 100%니까 1이다. 이들을 켈리 공식에 대입하면 켈리 비율이 0.75로 나온다. 이는 전 재산이 10억원이라면 75%인 7억5000만원을 카펠라에 투자하는 게 최적 혹은 최선이라는 걸 의미한다.

여기서 최선 혹은 최적의 의미는 무엇일까? 전 재산의 75%를 카펠라에 투자했을 때 장기적 관점에서 내가 가진 재산이 가장 크게 불어난다는 것을 뜻한다. 가장 재산을 크게 불릴 수 있으니 최선이요, 다른 비율로 투자하면 그보다 재산이 덜 불어나니 최적인 거다.

잊지 말아야 할 건 카펠라는 장기 성장하는 자산이라는 점이다. 75%라는 켈리 비율을 꼭 따르지 않더라도 투자하면 장기적으로 돈이 불어나는 데에 아무런 걱정이 없다는 이야기다.

켈리 비율을 따르지 않았을 때 어떤 일이 벌어지는지 좀 더 자세히 알아보겠다. 예를 들어 전 재산의 50%를 카펠라에 투자하면 무슨 일이 벌어질까? 카펠라는 오르고 내릴 확률이 각각 50%니까 장기적인 결과를 보려면 최소한 두 번의 시간이 지나야 한다. 만약 전 재산이 10억원이라면 그렇게 두 번 후 12억원이 된다.

이에 반해 켈리 비율인 75%를 카펠라에 투자했다면 두 번 후 10억원은 12억2500만원으로 불어난다. 그러니까 두 번에 2.5%의 수익 차이가 나는 셈이다. 당장은 아주 큰 차이가 아닐지 모른다. 시간이 길어지면서 누적되면 큰 차이가 될 수 있다.

이번에는 반대로 켈리 비율인 75%보다 더 많이 투자하면 어떻게 될까? 가령 전 재산 10억원을 100% 카펠라에 투자한다면 두 번 후 12억원이 된다. 50%만 투자했을 때와 같은 결과다.

켈리 비율보다 적게 투자하는 건 큰 문제가 아니다. 하지만 많이 투자하는 건 주의해야 한다. 24장에서 봤듯이 장기 성장하는 카펠라도 레버리지를 일으키면 어느 순간엔가 장기 파멸로 바뀐다.

그러면 켈리 비율은 언제나 0보다 크고 1보다 작은 값이 나올까?

그렇지 않다. 가령 23장에 나왔던 하다르의 켈리 비율을 구해 보면 0이 나온다. 왜냐하면 하다르는 오르고 내릴 확률이 각각 50%고 가격 상승률은 40%, 가격 하락률은 마이너스 40%기 때문이다.

추가로 아케르나르라는 자산도 검토해 보겠다. 에리다누스자리 알파별인 아케르나르는 가격이 오를 확률이 10%고 가격이 오르면 40%만큼 오르며 가격이 내리면 5%만큼 내린다. 아케르나르의 큰 특징은 가격이 내려가는 폭이 다른 자산들보다 작다는 점이다. 이 책에 나온 모든 자산을 통틀어 아케르나르보다 가격이 더 작게 떨어지는 건 없다.

표 26.1 아케르나르의 특성

	아케르나르
가격이 오를 확률	0.1
가격이 내릴 확률	0.9
가격 상승률	40%
가격 하락률	−5%
수익률 기댓값	−0.5%
성장 수익률 기댓값	−0.0125
장기 성장 여부	아니오
켈리 비율	−0.25

아케르나르의 또 다른 큰 특징은 수익률의 기댓값이 0보다 작다는 점이다. 수익률 기댓값이 0보다 작은 자산은 이 책에 나온 적이 없었다. 수익률 기댓값이 0보다 작다면 성장 수익률 기댓값은 반드시 0보다 작다. 즉 단기 이익도 아니면서 장기 성장하는 자산은 존재하지 않는다. 다시 말해 장기 성장이면 단기 이익은 언제나 보장된다. 하지만 그 역은 성립하지 않는다.

아케르나르의 특성을 정리한 표 26.1에 의하면 아케르나르의 켈리 비율은 기이하게 느껴지는 마이너스 0.25다. 즉 0보다 작다. 어쨌든 아케르나르가 보여주듯이 켈리 비율이 음수가 나오는 건 불가능한 일은 아니다.

하다르와 아케르나르의 켈리 비율, 즉 0과 마이너스 0.25를 어떻게 이해해야 할까? 켈리 공식은 생각 외로 만능이면서 정직한 공식이다. 켈리 비율이 0이라는 건 전 재산의 0%를 하다르에 넣어야 한다는 뜻이다. 하다르는 성장 수익률 기댓값이 0보다 작고 수익률 기댓값은 0인 자산이다. 즉 하다르는 아예 건드리지 않는 쪽이 장기적으로 재산을 가장 불리는, 다른 말로 잃지 않는 방법이라는 걸 알려주는 셈이다.

아케르나르의 마이너스 0.25는 거기서 한 발짝 더 나간다. 쉽게 말해 전 재산의 25%를 걸고 공매도를 하는 게 최선이라는 의미다. 자산 중에 공매도가 가능한 건 극히 일부에 불과하다. 공매도가 불가능하다면 그때의 최선은 하다르와 마찬가지로 건드리지 않는 쪽이다.

얼마를 투자하는 게 잘하는 걸까?
(하)

이번 장은 26장에 이어지는 내용이다. 켈리 비율은 이야기할 내용이 너무 많아서 한 장으로 끝낼 재간이 없다. 가령 켈리 공식은 모르는 사람이 많지만, 알고 보면 투자의 거장들은 켈리 공식을 무기로 쓰고 있다. 대표적인 인물이 워런 버핏, 에드워드 소프Edward O. Thorp, 제임스 사이먼스James Harris Simons다.

버핏이야 따로 설명이 필요 없을 거고, 소프와 사이먼스도 버핏에 여러모로 밀릴 이유가 없는 사람들이다. 보다 구체적으로 캘리포니아 로스앤젤레스대학 수학 박사인 소프는 카지노와 주권 시장에서 돈을 딴 자신의 경험을 책으로 낸 적도 있는 헤지펀드 매니저다. 캘리포니아 버클리대학 수학 박사인 사이먼스는 운용 자산 규모가 세계에서 세 손가락 안에 드는 헤지펀드 르네상스테크놀로지스를 세운 사람이다.

켈리 비율의 다른 주제를 이야기하기에 앞서 앞 장에서 암묵적으로 가정하고 지나갔던 켈리 비율의 시간 불변성을 이야기해 보려 한다. 이게 무슨 말이냐면 시간이 가도 자산의 특성이 변하지 않는 한 켈리 비율 자체는 변하지 않는다는 의미다.

켈리 비율이 불변이라는 건 실제의 투자가 변해야 한다는 걸 의미한다. 이건 또 무슨 말이냐면 매번 자산의 가격이 변할 때마다 켈리 비율이 유지되도록 자산을 팔거나 사야 한다는 뜻이다.

켈리 비율이 75%였던 카펠라를 가지고 설명해 보겠다. 지금 전 재산이 10억원이면 그 75%인 7억5000만원으로 카펠라를 사야 한다. 남은 2억5000만원은 손실이 날 리 없는 우체국 예금에 있다. 손실을 걱정할 필요가 없는 예금이 존재하지 않거나 또는 나머지 2억5000만원이 손실이 날 수 있는 다른 자산에 투자돼 있다면 이전 장과 이번 장의 켈리 비율에 대한 이야기는 성립하지 않는다. 예금은 그런 정도로 중요한 금융의 기둥이다.

그러면 다음번에 카펠라의 가격이 먼저 오른다고 가정해 보겠다. 카펠라는 가격이 오르면 100%만큼 오르므로 카펠라 15억원, 예금 2억5000만원으로 바뀐다. 그러면 전 재산이 17억5000만원이므로 카펠라에 투자된 돈은 17억5000만원의 75%인 13억1250만원에 그쳐야 한다. 즉 1억8750만원어치의 카펠라를 팔아서 예금이 4억3750만원이 되도록 만들어야 한다.

그다음 번에 카펠라의 가격이 40%만큼 내려가면 13억1250만원은 7억8750만원으로 준다. 여기에 고이 모셔져 있던 예금 4억3750만원을 더하면 12억2500만원이 된다. 이게 앞 장에서 봤던 켈리 비율로 투자했을 때 두 번 후의 결과다.

투자를 두 번만 하고 끝내는 건 말이 안 되므로 다음번을 위해서 또다시 켈리 비율에 맞춰야 한다. 12억2500만원의 75%는 9억1875만원이므로 이번에는 예금 1억3125만원을 빼서 카펠라를 더 사야 한다. 즉 켈리 비율을 유지한다는 건 오리가 강물 위 한 자리에 우아하게 떠

표 27.1 데네브의 특성

	데네브
가격이 오를 확률	0.5
가격이 내릴 확률	0.5
가격 상승률	50%
가격 하락률	−20%
수익률 기댓값	15.0%
성장 수익률 기댓값	0.0912
장기 성장 여부	예
켈리 비율	1.5

있기 위해 물 밑에서 열심히 발로 자맥질을 치고 있는 것과 같다.

다음으로 새로운 자산을 하나 소개하겠다. 백조자리의 알파별인 데네브는 가격이 오를 확률은 50%고 가격이 오르면 50%만큼 오르며 가격이 내리면 20%만큼 내린다. 데네브의 큰 특징은 성장 수익률의 기댓값이 지금까지 나온 자산 중 유일하게 장기 성장하는 카펠라와 정확히 같다는 점이다. 표 27.1에 데네브의 특성을 정리해 놓았다.

표 27.1에 나왔듯이 데네브의 켈리 비율은 1.5다. 다시 말해 켈리 비율이 1보다 큰 자산도 있을 수 있다는 이야기다. 켈리 비율이 1보다 크다는 건 무슨 의미일까? 짐작할 수 있듯이 그만큼 레버리지를 일으킬 때 가장 돈이 불어난다는 뜻이다. 이에 대해서는 이 장의 맨 뒤에서 다시 설명하겠다.

한편, 이제껏 장기 성장이 아닌 자산은 단기 이익이어도 투자하지 말라고 이야기해 왔다. 이제 이 말에 단서를 붙일 거다. 그런 자산을 사서 장기간 내버려두면 그 돈은 결국 사라질 운명이다. 하지만 적절한 켈리 비율을 맞춰 투자하면 그런 자산을 가지고도 재산을 불릴 수는 있다.

장기 성장은 아니지만 단기 이익인 여러 자산 중에서 22장에 나왔던 베텔게우스를 예로 들어 설명해 보겠다. 가격이 오를 확률은 10%고 가격이 오르면 100%만큼 오르며 가격이 내리면 10%만큼 내리는 베텔게우스의 켈리 비율은 계산해 보면 0.1이 나온다. 켈리 비율이 0이나 음수가 아니고 양수라는 건 어쨌든 그 비율을 유지해 투자하면 돈이 불어난다는 이야기다.

가령 최초 재산이 10억원이라면 처음에 1억원을 베텔게우스에 투자하는 걸로 시작해서 열 번이 지난 후 재산은 10억490만원이 된다. 솔직히 그렇게 인상적인 수익이라고 이야기하기는 어렵다. 그래도 이런 방법이 있다는 건 알아 둘 만하다.

혹시 전 재산을 가지고 투자한다는 게 불편하게 느껴질 사람이 있을지 모르겠다. 가령 살고 있는 아파트값이 9억원이고 추가로 예금 1억원이 있는 사람이 있다고 해 보겠다. 그런 사람이 9억원은 생각하지 말고 여윳돈 1억원이 전 재산인 양 켈리 비율을 쓸 수 있을까? 그렇게 할 수는 있다. 만약 카펠라에 투자할 기회가 있다면 1억원의 75%인 7500만원만 투자하는 거다. 대신 전 재산 10억원으로 투자하는 것보다 돈이 덜 불어난다.

앞의 26장에서 켈리 비율보다 적게 투자하는 건 몰라도 더 많이 투자하는 건 주의해야 한다고 이야기했다. 베텔게우스를 가지고 그 이야기를 되새겨 보겠다. 켈리 비율이 10%인 베텔게우스를 전 재산 10억원의 20%로 투자하면 열 번 후 10억50만원에 그친다. 또 30%로 투자하면 전 재산 10억원은 열 번 후 9억8830만원으로 줄어든다. 베텔게우스의 본래 성질인 장기 파멸이 벌써 나타나는 거다. 이보다 투자하는 비율을 높일수록 더 빠른 속도로 돈은 줄어든다.

그래서 켈리 비율을 현실의 투자에서 사용할 때는 공식을 그대로 따르는 건 신중하지 못한 처사다. 여기에는 두 가지 이유가 있다. 첫째로 자산의 특성을 애초부터 잘못 파악했을 가능성이다. 가령 계산된 켈리 비율이 80%인데 진짜 켈리 비율이 50%라면 시작부터 장기 파멸에 빠지지 말란 법이 없다. 둘째로 처음에는 제대로 특성을 파악했지만, 도중에 자산의 특성이 변했을 가능성이다. 금융 자산의 수익률 등은 경험상 시간에 대해 불안정하다는 사실이 잘 알려져 있다.

그러면 어떻게 해야 할까? 켈리 비율을 공식을 통해 구하기는 하되 그걸 너무 신뢰하지는 말고 그보다 작게 투자하는 게 바람직하다. 가령 켈리 비율이 50%라면 반으로 뚝 자른 25% 이하로 투자 비율을 낮추는 거다. 그 정도만 되어도 돈은 충분히 잘 늘어난다.

가장 많은 승자가 쓰는 전략이
최선의 전략일까?

마크 클라크Mark Clark는 미국 미시간에서 유조차를 모는 사람이다. 47세 때인 2017년 12월 클라크는 48억원을 연금으로 받을 수 있는 로또에 당첨됐다. 클라크는 연금 대신 일시불로 30억원을 받았다. 그로부터 30개월 후인 2020년 6월 클라크는 또다시 똑같은 로또에 당첨됐다. 남들이 평생 한 번 당첨되기를 꿈꿔도 헛물만 켜는 걸 3년 새 두 번이나 당첨된 거였다. 클라크는 이번에도 일시불 30억원을 택했다.

클라크처럼 로또를 사는 게 돈을 버는 방법일까? 클라크가 로또로 60억원을 번 건 틀림없는 사실이다. 그렇다고 로또를 사는 게 돈을 버는 방법이라고 말하기는 어렵다. 그걸 깨닫는 데에는 한두 번의 로또 구입으로 충분하다. 혹시 로또에 당첨되려면 유조차 운전사가 되어야 할까? 아니면 한국이 아닌 미시간에 가서 로또를 사야 할까? 모두 부질없는 시도다. 그럼에도 사람들은 클라크의 반복되기 어려운 재수에 자기도 모르게 이끌린다.

이번 장에서는 두 사람을 살펴보려 한다. 이름은 각각 설윤과 채원이다. 설윤과 채원은 둘 다 투자에 관심이 있다. 두 사람 모두 아직 투린이라 《투자의 시간》을 읽지 않았다. 그래서 장기 성장과 단기 이익이 뭔지 잘 모른다. 그저 감으로 투자할 뿐이다.

먼저 설윤이 사용하는 투자법에 대해 알아보겠다. 설윤이 산 자산은 94%의 확률로 가격이 오르고 6%의 확률로 가격이 내린다. 또 설윤의 자산은 가격이 오르면 10%만큼 뛰고 내리면 90%만큼 떨어진다.

다음으로 채원이 사용하는 투자법에 대해 알아보겠다. 채원이 산 자산은 99%의 확률로 가격이 오르고 1%의 확률로 가격이 내린다. 즉 채원의 투자법은 승리 확률 관점에서 설윤보다 조금 유리하다.

채원의 자산은 가격이 오르면 2%만큼 오른다. 설윤에 비해 아주 작다고 할 수 있다. 대신 가격이 내리면 설윤보다는 덜 떨어지는 60%만큼 하락한다. 한마디로 채원의 투자법은 설윤보다 조금 더 자주 이기고 잃을 때 덜 잃지만 딸 때 사소하게 딴다.

그런데 설윤과 채원은 혼자가 아니다. 각자의 투자법을 따르는 많은 추종자가 있다. 추종자들은 각기 설윤과 채원의 투자법을 그대로 따라 한다. 단 투자법을 따라 한다는 게 정확히 똑같은 자산을 사고판 다는 의미는 아니다. 사고파는 자산은 다르지만 그걸 고르는 방법이 같다는 의미다. 방법이 같으므로 오르고 내리는 결과도 같다.

편의상 설윤과 채원의 추종자가 각각 499명씩 있다고 가정하겠다. 즉 설윤, 채원에 추종자들까지 다 합치면 모두 1000명의 사람이 있는 셈이다. 이들 모두는 투자를 시작하기 전 각각 10억원의 재산이 있다.

앞 1000명의 사람이 동시에 투자를 시작했다고 하고 한 번의 시간 이 지난 후 결과를 따져 보겠다. 설윤과 설윤의 추종자들을 먼저 살피 면 500명의 94%인 470명이 10%만큼의 이익을 얻어 11억원의 재산 을 가진다. 나머지 30명은 90%만큼의 손실을 입어 재산이 1억원으로 줄어든다.

다음으로 채원과 채원의 추종자들을 헤아리면 500명의 99%인 495 명이 2%만큼의 이익을 얻어 10억2000만원의 재산을 갖는다. 나머지 5명은 60%만큼의 손실을 입어 4억원의 재산을 가진다.

이제 이들 1000명의 사람을 재산이 많은 순서대로 일렬로 세운다 면 어떤 결과가 나올까? 1등부터 470등까지는 설윤과 설윤의 추종자 들 차지다. 채원과 채원의 추종자 중 가장 재산이 많은 사람의 순위가 고작 471등이다.

투자의 시야가 눈앞의 단기가 전부라면 답은 뻔하다. 채원의 방법 을 버리고 설윤의 방법을 따르는 게 정답이다. 설윤의 방법을 따라야 상위 47% 이내에 드는 재산을 가질 수 있기 때문이다. 채원의 방법을 따르면 제일 잘 되어 봐야 상위 47% 이내에 들 방법이 없다.

그렇다면 그게 끝일까? 새로운 투자에선 끝날 때까지 끝난 게 아니다. 장기적으로 무슨 일이 벌어지는지 확인하기 전까지는 섣부르게 결론 내릴 수 없다.

가령 투자를 시작하고 100번의 시간이 지난 시점을 살펴보겠다. 재산이 많은 순서로 1등부터 71등까지는 여전히 설윤과 설윤의 추종자들이다. 쉽게 말해 전체 상위 7%의 승자만 바라본다면 여전히 설윤의 방법이 나은 것처럼 보인다.

그게 현실의 전부는 아니다. 설윤의 방법으로 투자한 나머지 429명은 재산이 10억원 아래로 쪼그라들었다. 그중 재산이 1억원도 안 남은 361명은 불확실한 생존을 괴로워하고 있다. 즉 부를 과시하는 71명이 뉴스를 도배하는 이면에는 상대적으로 운이 나빴던 429명의 피눈물이 있기 마련이다.

게다가 아직 확인하지 않은 세상의 반이 남아 있다. 바로 채원과 채원의 추종자들이다. 채원의 방법으로 투자한 500명 중 183명은 72억원이 넘는 재산을 가지게 되었다. 그 183명을 빼고도 또 184명이 28억원의 재산을 가지고 있다.

결과적으로 채원과 채원의 추종자 중 처음 재산이었던 10억원보다 재산이 줄어든 사람은 40명에 지나지 않는다. 나머지 460명은 모두 재산을 불리는 데 성공했다. 달리 말해 전체 1000명 중 재산이 많은 걸로 72등부터 511등까지는 모두 채원과 채원의 추종자들이다.

설윤과 채원의 투자를 정리하자면 이렇다. 단기적으로 보면 설윤의 투자법이 압도적인 승자다. 장기적으로 봐도 최상위의 부자만 살피면 또 설윤의 방법이 유일한 길 같다. 마치 로또에 두 번 당첨된 마크 클라크가 기삿거리가 되는 것과 같은 원리다.

그게 바로 생존자 편향이다. 생존자 편향이란 재수가 좋아 살아남은 소수의 행운아만 보고 그른 판단을 내리는 걸 가리키는 말이다. 로또를 사느라 돈을 날린 수많은 사람들을 눈에 띄지 않는다는 이유로 없는 사람인 양 대하는 게 생존자 편향의 한 예다. 과거의 투자에서 생존자 편향은 심각한 문제다.

장기적인 성장의 관점으로 보자면 설윤보다는 채원의 투자법이 확연한 승자다. 최상위는 아닐지 모르나 장기적으로 투자에 성공할 가능성이 훨씬 크다. 달리 말하면 장기적으로 투자해서 망할 가능성이 별로 없다.

사실 최상위가 설윤의 추종자로 채워지는 것도 한시적인 이야기다. 100번의 시간이 아닌 1000번의 시간이 지나고 나면 1000명 중 1등만 설윤의 추종자고 2등부터 501등까지 모두 채원과 채원의 추종자가 자리한다. 즉 설윤의 방법으로 투자했다면 1000번의 시간 후 채원의 방법으로 투자한 사람 중 제일 재산이 적은 사람보다도 재산이 적을 확률이 99.8%다.

이 책을 여기까지 읽어 온 사람이라면 설윤과 채원의 추종자들의 운명을 가른 비결을 설명할 수 있다. 바로 성장 수익률의 기댓값이다.

단기 이익을 계산하는 수익률 기댓값으로는 설윤의 방법이 채원의 방법보다 크다. 설윤의 수익률 기댓값은 4%지만 채원은 약 1.4%에 그치기 때문이다. 한 번의 시간이 지났을 때 설윤의 추종자들이 상위

47%를 모조리 채운 이유가 바로 이거다.

장기 성장을 구하는 성장 수익률 기댓값으로는 채원의 방법이 설윤의 방법을 압도한다. 채원의 성장 수익률 기댓값은 약 0.01인 반면 설윤은 마이너스 0.05기 때문이다. 달리 말해 설윤의 투자법은 장기 파멸이다.

단기적으로 승자가 많이 나오거나 혹은 최상위의 승자가 사용한다고 해서 그 투자법이 최선의 전략이라고 말할 수 없다.

벤처캐피털은 스타트업 투자를
얼마나 잘 맞출까?

　기본적으로 상장 주권의 거래는 1부 '과거의 투자'에서 벗어나기 어렵다. 돈을 들이는 것 외에 달리할 수 있는 일이 없기 때문이다. 요즘 유행인 이른바 환경, 사회, 지배구조를 따져 거래 대상을 정하는 것도 거래 대상의 범위를 좁힌다는 면 외에 크게 다른 건 없다. 유일한 예외는 버크셔해서웨이가 하듯이 투자할 때 제대로 된 영향력을 행사할 수 있는 수준으로 주권을 확보하는 거다. 실제로 그렇게 투자하는 곳은 드물다.

　스타트업 투자는 상장 주권 거래와 여러모로 성격이 다르다. 일단 투자하고 싶다고 다 투자할 수 있는 게 아니다. 내가 스타트업의 존재를 알고 있어야 하고, 스타트업이 자본을 구하고 있어야 하며, 또 내 자본을 스타트업이 받을 마음이 있어야 한다. 이 세 가지 조건이 동시에 모두 충족이 되어야 투자가 이루어질 수 있다.

앞 세 가지 조건이 동시에 만족하는 건 생각만큼 쉽지 않다. 스타트업은 상장되지 않은, 갓 태어난 아기 같은 회사라 그 존재 자체를 알기가 어렵다. 오직 알음알음 소개로만 그런 회사가 있다는 걸 알 수 있다.

존재를 알았다고 해서 다음 관문이 저절로 열리지 않는다. 가령 스타트업을 주로 다루는 언론사는 홍보성 기사를 많이 낸다. 회사 이름을 알리려는 스타트업에서 만들어 준 보도자료를 거의 그대로 기사로 내는 거다. 그런 기사만 잘 확인해도 활동 중인 스타트업의 이름을 아는 건 가능하다.

그런 스타트업 중 괜찮아 보이는 곳에 연락한다고 해서 무조건 만남이 이루어진다고 생각하면 오산이다. 명성이 있고 평판이 좋은 벤처캐피털 회사가 아니라면 스타트업이 귀한 시간 쪼개서 만날 이유가 없다. 실제로 이 바닥에서 명성과 평판 사이에는 아무런 인과가 없다. 즉 유명하긴 한데 세평이 지저분한 회사와 사람이 없지 않다.

설사 만나는 데 성공했다고 해도 투자가 반드시 뒤따르는 건 아니다. 만나 봤더니 별로일 수도 있고, 별로는 아닌데 가까운 장래에 투자를 받을 생각이 없을 수도 있고, 투자를 받을 생각은 있는데 나 말고도 투자하고 싶다는 곳이 줄을 서 있는 데다가 내 우선순위가 바닥일 수도 있기 때문이다. 이 모든 관문을 돌파해야 투자가 이루어지는 벤처캐피털 회사와 스타트업의 관계는 결혼에 비유할 만하다.

스타트업 투자가 상장 주권 거래와 구별되는 또 다른 측면은 확률이다. 상장 주권의 가격이 오르고 내리는 확률은 대략 반반이다. 주가의 변동을 동전 던지기에 비유하는 게 완벽하지는 않지만 아주 턱없는 묘사는 아니다. 상장의 조건과 절차 덕분에 수준 이하의 회사들이 걸러지기 때문이다.

스타트업에 상장 회사만큼의 수준을 기대하기는 어렵다. 통계적으로 증명됐듯이 스타트업은 거의 몇 년 사이에 망한다. 공식적으로 망한 건 아니더라도 이른바 좀비가 되어 목숨만 부지하고 있는 스타트업도 부지기수다.

이러한 스타트업의 특성은 벤처캐피털 회사의 투자를 어렵게 만든다. 모든 벤처캐피털 회사는 좋은 스타트업을 고르는 눈을 가지고 있다고 주장한다. 실제로 그 눈은 또렷한 현미경이기보다는 도수가 안 맞는 흐릿한 돋보기안경이기 십상이다. 왜 그런지 아래에서 구체적인 숫자 예로 설명하겠다.

먼저 벤처캐피털 회사의 식별력을 정의하겠다. 식별력이란 스타트업을 봤을 때 그 본질을 꿰뚫어 보는 능력을 말한다. 앞으로 크게 될 스타트업을 알아채고 또 그렇게 되지 않을 스타트업도 가려내는 실력이다. 이러한 식별력이 없다면 벤처캐피털 회사의 스타트업 투자는 불 꺼진 캄캄한 가로등 아래서 동전을 찾는 일과 다르지 않을 터다.

그러면 벤처캐피털 회사의 실제 식별력은 얼마나 될까? 직접 데이터를 얻기가 쉽지는 않으므로 일단 숫자를 가정해 보겠다. 가령 90%

라면 어떨까? 식별력이 90%라는 건 예를 들어 앞으로 유니콘이 될 스타트업 열 개를 보면 그중 아홉 개는 올바르게 유니콘으로 식별한다는 의미다. 유니콘은 22장에서 이야기했듯이 회사 주권의 총액이 대략 1조원을 넘긴 상장되지 않은 회사다.

벤처캐피털 회사의 식별력이 방금 이야기한 대로 90%라면 벤처캐피털 회사가 투자한 스타트업 열 개 중 아홉 개가 유니콘이 되어야 마땅할 것 같다. 하지만 실제로 그런 일은 벌어지지 않는다. 왜 그런 일이 벌어질 수 없는지를 이제 설명해 보겠다.

우선 투자가 가능한 스타트업 전체를 전제해야 한다. 또한 그러한 전체 스타트업 중에서 얼마나 많은 수가 실제 유니콘인지도 따져 봐야 한다. 그런데 이 기본적인 정보가 현실과 너무 동떨어지면 비현실적인 결론이 나올 우려가 있다.

다행히도 실리콘밸리의 최상급 벤처캐피털 회사라고 할 수 있는 앤드리슨호로위츠, 즉 a16z의 공동창업자 마크 앤드리슨Marc Andreessen이 이와 관련해 말한 게 있다. 앤드리슨에 의하면 a16z는 1년에 약 3000개의 스타트업을 검토하는데, 나중에 연 매출로 1000억원을 넘기는 스타트업의 수는 15개가 전부다. 즉 유니콘이 될 가능성이 있는 스타트업의 빈도율이 0.5%밖에 되지 않는다.

여기서는 전체 스타트업 수가 1000개고 그중 유니콘의 비율이 1%라고 가정하겠다. 앤드리슨호로위츠가 겪고 있는 현실보다는 관대하게 가정한 셈이다. 유니콘의 비율이 1%니까 1000개 중 10개가 진짜 유니콘이다.

벤처캐피털 회사가 1000개의 스타트업을 모조리 검토한다는 건 비현실적이다. 그럼에도 그게 가능하다고 치면 벤처캐피털 회사는 10개의 진짜 유니콘 중 9개를 유니콘이라고 식별한다. 앞에서 가정했듯이 벤처캐피털 회사의 식별력이 90%기 때문이다. 이것만 보면 벤처캐피털 회사의 스타트업 투자는 굉장히 높은 확률로 성공할 듯싶다.

여기서 빠트린 게 있다. 유니콘이 아닌 나머지 990개의 스타트업이다. 이들을 가리켜 당나귀라고 불러 보겠다. 유니콘과 비슷해 보이는 면도 있지만 실제로는 유니콘이 아니라는 의미에서다. 즉 전체 스타트업의 세계에는 990개의 당나귀가 있다.

벤처캐피털 회사의 큰 문제는 당나귀 중 일부가 유니콘처럼 보인다는 데 있다. 일차적으로는 벤처캐피털 회사의 완벽하지 않은 식별력이 그 이유다. 또 다른 이유는 유니콘과 당나귀를 가르는 요소가 기량보다는 운의 작용인 때문이다. 벤처캐피털 회사의 식별력이 100%가 될 수 없는 이유기도 하다.

990개의 당나귀를 검토한 벤처캐피털 회사는 그중 90%인 891개를 올바르게 당나귀로 식별한다. 문제는 실제는 당나귀지만 유니콘처럼 보이는 나머지 10%의 당나귀다. 990개의 10%는 99개다. 이 수는 벤처캐피털 회사가 올바르게 식별한 진짜 유니콘 9개의 무려 11배에 해당한다.

따라서 1000개의 스타트업을 모두 검토한 벤처캐피털 회사의 눈에는 모두 108개의 유니콘이 보인다. 어느 게 진짜 유니콘인지 식별할 방법이 없는 벤처캐피털 회사로서는 108개 모두에 투자하지 않을 수

표 29.1 스타트업의 실제와 벤처캐피털 회사 눈에 보이는 겉모습

	보기에 유니콘	보기에 당나귀	합계
진짜 유니콘	9	1	10
진짜 당나귀	99	891	990
합계	108	892	1000

없다. 결과적으로 벤처캐피털 회사의 투자 성공률은 108분의 9인 약 8%에 그친다. 벤처캐피털 회사가 처한 상황을 표 29.1에 정리해 놓았다.

고맙게도 앤드리슨은 또 다른 단서를 준다. 앤드리슨에 따르면 a16z와 동급의 실리콘밸리 최상위 벤처캐피털 회사들이 투자하는 스타트업의 수가 1년에 200개 정도다. 그중 진정한 유니콘이 되는 건 15개에 지나지 않는다. 유니콘의 비율을 계산하면 용하게도 약 8%다. 앞에서 가정한 90%의 식별력이 그렇게 어긋난 숫자가 아니라는 방증인 셈이다. 즉 실리콘밸리 최상위 벤처캐피털 회사도 90%를 넘는 식별력은 무리다.

벤처캐피털의 스타트업 투자 대부분이 빗나가는 이유다.

번 돈을 나눠주면
결국 더 크게 번다는 마법 같은 역설

  슬기와 설아 두 사람이 있다. 그 둘은 투자에 관심이 있다. 다행하게도 둘 다 단기 이익에 눈이 멀지 않는다. 그들은 장기 성장에 초점을 맞추고 있다. 슬기와 설아가 가지고 있는 종잣돈은 각기 100만원이다.

  먼저 슬기의 투자 실력을 알아보겠다. 슬기는 실력 있는 투자자다. 그런데 슬기가 찍은 자산은 50%의 확률로 가격이 오른다. 즉 두 번 찍으면 한 번 맞히는 수준이다. 다시 말해 그렇게 높다고 볼 정도는 아니다.

  투자할 수 있는 자산의 전체 집합이 확률 관점에서 조작되지 않은 공정한 동전과 같다고 하면 슬기는 투자의 확률 면으로 아무런 우위를 가지고 있지 못하다. 원숭이가 그러한 동전을 던지는 것에 비해 하나도 나을 게 없기 때문이다. 달리 말해 슬기의 투자 실력은 가격이 오를 자산을 맞히는 확률에 있지 않다.

그러면 슬기의 투자 실력은 어디에 있을까? 그건 고른 자산의 가격이 오르고 내리는 크기에 있다. 슬기가 산 자산의 가격이 오르면 샀을 때 가격의 170%로 오른다. 즉 100만원을 들여 자산을 사면 170만원이 된다.

당연한 이야기지만 올랐을 때만 봐서는 전체 그림을 파악할 수 없다. 내릴 때 얼마나 내리는지도 따져봐야 한다. 슬기는 두 번 투자하면 한 번은 손실을 면할 수 없다. 그렇기에 손실을 볼 때 얼마나 보는지는 이익이 날 때 얼마나 나는지만큼 중요하다.

슬기가 산 자산의 가격이 내려가면 샀을 때 가격의 60%로 떨어진다. 예를 들어 샀을 때 자산 1개의 가격이 10만원이었다면 얼마 후 그 가격이 6만원으로 낮아진다. 종잣돈 100만원을 모두 들여 이 자산을 처음에 샀다면 열 개를 살 수 있었을 터, 결국 100만원이 60만원으로 줄어들고 만다.

다음으로 설아의 투자 실력을 알아볼 차례다. 설아는 슬기보다 투자 실력이 떨어진다. 그렇지만 확률 면으로 떨어지는 건 아니다. 설아가 골라 산 자산도 가격이 오를 확률은 50%다. 즉 설아가 가격이 오를 자산을 감별할 확률은 슬기와 똑같다. 슬기가 맞히면 설아는 못 맞힌다.

설아가 슬기보다 못하는 부분은 고른 자산의 가격이 오르내리는 크기다. 설아가 산 자산의 가격이 오르면 샀을 때 가격의 160%로 오른다. 일례로 100만원을 들여서 샀다면 160만원이 된다는 뜻이다. 이는 슬기가 산 자산의 가격이 올랐을 때보다 10%포인트가 낮은 수준이다.

또한 설아가 산 자산의 가격이 내리면 샀을 때 가격의 50%로 내려온다. 예컨대 100만원을 집어넣었다면 50만원으로 반토막이 난다. 이 역시 슬기가 산 자산의 가격이 떨어졌을 때보다 10%포인트가 낮다.

슬기가 투자한다면 무슨 일이 벌어질까? 먼저 종잣돈 100만원으로 자산 하나를 산다. 그러면 100만원이 170만원이 되거나 혹은 60만원이 된다. 그런데 만약 170만원이 됐다면 그다음으로 산 자산의 가격은 내려가기 마련이다. 슬기가 고른 자산의 가격이 오를 확률이 50%기 때문이다. 그러므로 170만원은 60%인 102만원으로 줄어든다.

슬기의 투자가 언제 성공하는지가 중요할까? 가령 처음에 산 자산의 가격이 오르지 않고 떨어진다면 종잣돈 100만원은 60만원으로 줄어든다. 하지만 그 돈으로 산 두 번째 자산의 가격은 170%로 오른다. 그러므로 60만원은 102만원으로 불어난다.

즉 슬기가 산 자산이 먼저 오르는지 아니면 나중에 오르는지는 중요하지 않다. 어떻게 되더라도 두 번의 투자를 거치고 나면 슬기의 100만원은 102만원으로 똑같이 불어난다. 달리 말해 단기적으로는 차이가 있지만 장기적으로는 아무런 차이가 없다. 더 중요한 건 말할 필요도 없이 장기의 결과다.

설아는 어떨까? 처음에 오른다고 가정하면 설아의 종잣돈 100만원은 우선 160만원이 된다. 하지만 다음에는 가격이 반절이 되므로 결국 80만원으로 쪼그라든다. 슬기와 마찬가지로 자산의 가격이 오르는 순서는 장기의 결과에 영향을 주지 못한다.

이래저래 설아의 투자는 슬기보다 결과가 나쁠 수밖에 없다. 장기적으로 슬기는 투자로 돈을 불릴 수 있고 설아는 투자를 하면 돈을 잃는다. 한마디로 투자의 세계에서 설아는 슬기에게 뒤처지는 일종의 패자다. 여기까지의 이야기는 이해하기가 결코 어렵지 않다.

지금부터 하려는 이야기는 얼핏 듣기에 이해가 쉽지 않은 말이다. 슬기에게는 지금보다 자기 돈을 더 크게, 더 많이 불릴 방법이 있다. 앞의 24장에서 이야기했듯이 망할 확률을 높이는 레버리지를 사용하는 건 감안의 대상이 아니다.

여기서 책 읽기를 멈추고 과연 그런 방법이 가능할지를 잠깐 생각해 봐도 좋다. 생각해 봤지만 잘 모르겠거나 혹은 생각하기 귀찮으면 그냥 아랫글을 이어 읽어 나가도 괜찮다.

그 방법은 바로 투자에 성공해 돈이 불어났을 때 그 불어난 돈의 일부를 설아에게 나눠주는 거다. '방금 내가 이야기를 잘못 들은 거 아니야?'라고 생각할 사람이 분명히 있을 것 같다. 일방적으로 주기만 하는 건 아니고 설아도 투자에 성공하면 슬기한테 딴 돈의 일부를 줄거다. 아무리 그래도 패자인 설아에게 받아 봐야 무슨 큰 도움이 될까 싶다. 돈을 벌면 그걸 다 가지지 않고 돈 잃은 사람에게 일부를 나눠 줌으로써 더 큰 돈을 벌 수 있다는 건 거의 마법처럼 들린다.

이제부터 그 마법 같은 방법을 설명해 보겠다. 첫 번째 투자에서 슬기가 산 자산의 가격이 올라 170만원이 되면 그중 60만원을 떼어 설아에게 준다. 이 자체만 놓고 보면 분명히 손해다. 가만히 있었으면 170만원이었을 돈이 110만원으로 줄어들었기 때문이다. 단기적 관점에서 이러한 슬기의 오지랖은 미친 짓이다.

그게 끝이 아니다. 이제 110만원으로 산 슬기의 두 번째 자산은 60%로 줄어든다. 그건 66만원에 지나지 않는다. 첫 번째 투자 후 60만원을 설아에게 주지 않았다면 가졌을 102만원보다 36만원이나 적다. 그러나 장기적 관점에선 끝날 때까지 끝난 게 아니다. 설아에게 받을 돈이 있기 때문이다. 그걸 알려면 설아의 돈도 따져 봐야 한다.

설아의 종잣돈 100만원은 첫 번째 투자 후 50만원으로 줄었다. 그런데 슬기가 60만원을 주었으므로 합치면 110만원이다. 그다음 두 번째 투자에서 슬기의 돈은 160%로 불어난다. 금액으로 보면 176만원이다. 그중 55만원을 떼서 기꺼이 슬기에게 준다. 그리고 나면 슬기의 돈은 남아 있던 66만원에 설아에게 받은 55만원을 합쳐 121만원이 된다.

무슨 일이 벌어졌는지 요약해 보겠다. 슬기가 설아를 신경 쓰지 않고 혼자 투자했다면 두 번의 투자 후 슬기의 돈은 100만원에서 102만원으로 고작 2%만 는다. 그런데 돈을 딴 사람이 돈을 잃은 사람에게 돈을 나눠 주면 두 번의 투자 후 슬기의 돈은 121만원으로서 21%만큼 늘어난다. 어느 쪽이 슬기에게 더 좋은 방법인지는 두말할 필요도 없다.

돈을 딴 사람이 잃은 사람에게 얼마를 줘야 하는지를 궁금해할 듯 싶다. 그 계산은 어렵지 않다. 가령 첫 번째 투자에서 슬기가 딴 돈은 70만원이고 설아가 잃은 돈은 50만원이다. 그러면 슬기는 설아가 잃은 돈인 50만원을 먼저 모두 메꾸어 주고 남은 돈 20만원의 반인 10만원을 더 설아에게 주는 거다. 50만원과 10만원을 합치면 아까 슬기가 설아에게 줬던 60만원이 나온다.

경제와 마찬가지로 투자의 세계에서도 다른 사람을 돕는 건 결과적으로 모두의 파이를 키우는 가장 확실한 방법이다.

다각화의 효과를
더욱 높이는 방법이 없을까?

　10장과 11장에서 포트폴리오, 즉 투자 바구니에 많은 자산을 담을수록 혜택이 커진다고 했다. 그러한 일을 가리키는 다각화를 두고 금융학계는 공짜 점심이라는 말까지 쓴다. 학계가 공짜라고 칭하는 건 다각화를 하면 수익이 나빠지지 않으면서 투자의 리스크인 변동성을 줄일 수 있다는 이유에서다.

　새로운 투자는 리스크를 장기 파멸의 가능성으로 이해한다. 장기 성장이냐, 장기 파멸이냐를 가르는 변수는 매 단위 기간 가격이 오르고 내릴 확률과 손익의 크기다. 투자를 자산 하나에 집중하지 않고 다각화된 바구니로 한다면 바구니 차원의 가격이 오르고 내릴 확률과 손익의 크기가 중요하다.

새로운 투자에서 다각화의 일차적 소임은 어떠한 확률에서건 장기 파멸을 예약하게 하는 게임오버의 가능성을 줄이는 데 있다. 일반적인 인식과 달리 자산의 가격이 0 이하로 내려가는 건 결코 드물지 않다. 27장에서 이야기했듯이 자산의 특성이 잘못 파악됐을 가능성과 시간에 대해 불안정하게 변할 가능성까지 감안하면 더욱 그렇다. 장기 성장하는 줄 알고 몰빵한 자산 하나가 휴지가 되면 후회해 봤자 만시지탄이다.

하나에 몰빵하는 대신 가령 다섯 개의 자산을 골라 담은 바구니에 투자한다면 이야기가 다르다. 그 각각이 휴지가 될 가능성은 물론 이전과 똑같지만, 다섯 개가 모두 휴지가 될 가능성은 이전보다 낮아지기 때문이다. 설령 네 개가 휴지가 되더라도 5분의 1만 남았을지언정 게임오버는 면한다.

범위를 벤처캐피털 펀드로 좁힌다면 다각화에는 다른 소임이 또 있다. 바로 바구니의 이익 확률을 높이는 거다. 이는 곧 바구니의 손실 확률을 낮추는 일이기도 하다. 이러한 확률의 변화는 장기 성장의 가능성을 높인다. 이에 대해서는 구체적인 숫자를 가지고 설명해 보겠다.

29장에서 썼듯이 전체 스타트업 중 유니콘이 될 곳은 많지 않다. 가령 전체 스타트업의 수가 1000개라면 그중 1%인 10개 정도만이 유니콘이 된다. 당첨 확률이 수백만분의 1인 로또보다는 확률이 높지만, 일반적인 자산보다는 형편없이 낮다.

만약 벤처캐피털 펀드가 오직 한 스타트업에만 투자한다면 어떤 일이 벌어질까? 그렇게 고른 스타트업이 유니콘일 확률은 앞에서 이야기했듯이 1%다. 그러므로 벤처캐피털 펀드가 이익을 낼 확률도 1%밖에 되지 않는다. 이런 식이라면 펀드 100개를 만들어야 그중 겨우 하나에 이익을 기대할 만하다.

벤처캐피털 펀드가 스타트업 한 개에만 투자하지 않고 돈을 나눠 가령 열 개의 스타트업에 똑같은 금액으로 투자하면 어떻게 될까? 각각의 스타트업이 유니콘일지 아닐지가 서로 독립이라면 열 개가 모두 당나귀일 확률은 0.99를 열제곱한 약 90%다.

따라서 열 개 중 하나라도 유니콘일 확률은 100%에서 90%를 뺀 10%로 계산된다. 이 값은 아까 한 개에만 투자했을 때 이익이 날 확률 1%의 대략 열 배다. 유니콘은 워낙 주가가 높기 때문에 벤처캐피털 펀드가 투자한 수십 개 스타트업 중 하나만 유니콘이어도 펀드 차원에서 이익을 낼 수 있다. 결과적으로 벤처캐피털 펀드의 손실 확률은 스타트업 하나만 투자했을 때보다 낮아진다.

다각화의 혜택을 설명하는 방식은 다를지언정 하여간 다각화에 장점이 있다는 사실은 분명하다. 여기서 물으려는 질문은 그게 최선이냐는 거다. 달리 말해 다각화의 효과를 좀 더 높이는 방법이 없을까를 생각해 보자는 제안이다.

실마리는 조금 전 30장에서 살펴본 내용이다. 슬기의 투자 실력은 혼자 힘으로 재산을 불리는 데 아무런 어려움이 없다. 30장에서 계산해 보이지는 않았지만 슬기의 성장 수익률 기댓값은 약 0.01로 0보다 크다. 또 수익률 기댓값도 15%로 양수다. 즉 슬기는 혼자서 장기 성장과 단기 이익을 모두 가질 수 있는 입장이다.

설아는 그렇지 못하다. 설아의 성장 수익률 기댓값은 약 마이너스 0.11로 0보다 작다. 대신 수익률 기댓값은 5%로 양수기는 하지만 어차피 중요한 사항이 아니다. 설아의 켈리 비율은 6분의 1로서 이 비율에 따라 투자 금액을 조정하면 재산을 불릴 수는 있다. 두 번의 시간 후 설아의 재산은 처음보다 약 0.8% 늘어나는 데 그친다.

슬기 입장에서 그런 설아조차도 서로 간에 도움을 주고받으면 혼자 투자하는 것보다 더 낫다. 혼자 투자하면 두 번의 시간 후 2% 이익을 얻지만 서로 도우면 두 번의 시간 후 21%의 수익이 난다. 핵심은 서로 돕는 데에 있다.

이제 관점을 달리해 슬기와 설아가 스타트업이라고 가정해 보겠다. 또한 스타트업에 투자하는 벤처캐피털리스트를 상상해 보겠다. 벤처캐피털리스트의 목표는 슬기와 설아 같은 스타트업에 투자한 벤처캐피털 펀드의 장기 성장을 도모하는 거다. 벤처캐피털 펀드의 투자 가능 금액은 최대 100억원이다.

벤처캐피털 펀드가 다각화하지 않고 스타트업 하나에만 투자한다면 최선은 설아가 아닌 슬기에게 투자하는 거다. 설아에게 100억원을 투자하면 두 번의 시간 후 벤처캐피털 펀드의 돈은 80억원으로 준다. 하지만 슬기에게 100억원을 투자하면 두 번의 시간 후 벤처캐피털 펀드의 돈이 102억원으로 는다.

벤처캐피털 펀드가 다각화하면 어떻게 될까? 일반적인 의미의 다각화를 하는 건 어렵지 않다. 슬기와 설아에게 각각 50억원씩 투자하면 그만이다. 그렇게 하면 두 번의 시간 후 슬기는 51억원, 설아는 40억원이 된다. 이를 합치면 두 번의 시간 후 벤처캐피털 펀드의 돈은 91억원이다. 이대로 시간이 가면 장기 파멸에 이를 뿐이다.

방금 전 결과는 다각화가 만병통치약이 아니라는 걸 보여준다. 다각화했지만 두 번의 시간 후 벤처캐피털 펀드는 장기 파멸의 길에 빠졌기 때문이다. 이러한 결과는 새로운 투자를 아는 사람에게 놀랍지 않다. 수익률 기댓값이 0보다 크더라도 성장 수익률 기댓값이 0보다 작다면 장기 파멸이 일어난다는 걸 이미 알고 있어서다. 그러한 성질은 개별 자산이든 개별 자산이 여러 개 담긴 바구니든 다를 이유가 없다.

잊지 말아야 할 것은 슬기와 설아의 수익률 기댓값이 각각 0보다 크다는 점이다. 수익률 기댓값이 양수인 두 자산을 바구니에 담으면 그 두 자산의 상관 계수가 무슨 값이든 바구니의 수익률 기댓값은 반드시 0보다 크게 나온다. 결과적으로 슬기와 설아를 담은 벤처캐피털 펀드는 단기 이익이지만 장기 파멸이다. 이런 다각화는 몰빵만도 못하다.

방금 본 다각화는 달리 말하면 정적인 다각화다. 다각화를 하긴 하는데, 처음에 한 번 하고 그걸로 끝이라서다. 30장의 내용을 아는 사람이라면 거기서 멈출 이유가 없다는 것도 안다. 처음에 돈 나눈 걸로 끝내지 말고 중간에도 돈을 계속 나눌 수 있기 때문이다. 더 잘나가는 쪽이 어려운 쪽을 매번 도우며 같이 성장하는 거다. 그렇게 하면 슬기와 설아만 장기 성장하는 게 아니다. 슬기와 설아에 투자한 벤처캐피털 펀드도 장기 성장한다.

결론적으로 다각화의 효과를 더욱 높이는 방법은 없지 않다. 승자가 패자를 도우면 된다. 그건 처음에 한 번 돈을 나눠주고 그다음에는 앞서 달리는 말에만 돈을 더 대어 주는 과거의 다각화보다 진화한 새로운 다각화다. 과거의 다각화가 멈춰 서 있는 다각화라면 새로운 다각화는 살아 움직이는 다각화다.

동적인 다각화는 다각화의 효과를 더욱 높일 수 있다.

경제성장률이 0보다 작아도 집합적으로
잘살게 된다면?

 이번 장의 내용은 좁은 의미의 투자는 아니다. 경제와 경제성장률에 대한 이야기이기 때문이다. 그러나 시야를 넓히면 투자와 경제는 가까운 사이이다. 투자가 원인이라면 경제는 그 결과가 될 터다. 쉽게 말해 투자가 부모라면 경제는 그 자식이다. 여기서 이야기하는 투자가 1부에서 다루었던 과거의 투자가 아니라는 건 분명하다.

 경제는 다 같이 먹고 사는 일이다. 나 혼자 잘 먹고 잘 사는 일이 아니라는 의미다. 많지는 않지만 경제학 전공자 중에도 내 이런 생각에 동감하는 이들을 여럿 만났다.《에르고드 이코노미》라는 책을 2023년에 낸 게 계기였다. 이후 경제에 대한 사람들의 생각이 바뀔 수 있다는 꿈을 구체적으로 꾸기 시작했다. 이 마지막 장은 어둠에 빛을 비추려는 그러한 시도 중 하나다.

나라의 경제는 중요한 문제다. 국민 모두의 먹고사는 일이 걸려 있기 때문이다. 대통령이나 관종인 금수저 재벌 3세, 혹은 그 누구라도 그들의 먹고사는 일이 보통 사람보다 더 중요하지는 않다. 모두가 절대자 앞에서는 똑같은 사람일 뿐이다.

나라의 경제를 평가하는 대표적인 지표는 경제성장률이다. 경제성장률은 말 그대로 경제가 전년에 비해 해당년에 얼마나 성장했는지를 보여준다. 경제성장률을 계산하는 기본적인 입력값은 국내총생산이다. 국내총생산은 1년간 국가의 영토 내에서 새롭게 만들어 판 최종제품과 서비스의 가격을 전부 더한 값이다.

국내총생산은 총액이기 때문에 돈이 누구에게 얼마나 갔는지에 관심이 없다. 지표로서 국내총생산의 한계에 대해서는 《에르고드 이코노미》에서 절절히 밝혔다. 그걸 이 책에서 반복할 생각은 없다. 여기서는 합계인 국내총생산의 성격을 인정한 채로 그 의미를 살펴보겠다.

재작년과 작년의 국내총생산을 알면 작년의 경제성장률을 구할 수 있다. 가령 재작년이 1000조원이고 작년이 1050조원이면 재작년에 비해 작년에 늘어난 국내총생산은 50조원이다. 이걸 재작년의 국내총생산인 1000조원으로 나누면 5%가 계산된다. 이 5%를 명목 경제성장률이라고 부른다. 새로 만들어져 팔린 물건이 50조원만큼 늘었으니 그만큼 모두에게 좋은 일이라고 치는 거다.

'이게 전부면 현실이 얼버무려질 수 있는데' 하고 생각한 사람이 있을 거다. 가령 국내총생산이 5% 늘었어도 물가가 10% 올랐다면 그걸 보고 경제가 성장했다고 이야기하는 건 무리다.

경제학은 대책이 있다. 물가상승률을 별도로 구한 후 그걸 명목 경제성장률에서 빼는 거다. 가령 물가가 3% 올랐다면 명목 경제성장률 5%에서 3%를 뺀 2%를 최종적인 성적표로 본다. 이렇게 구한 2%를 실질 경제성장률이라고 부른다. 정부나 언론에서 살피는 경제성장률은 명목이 아닌 실질 경제성장률이다. 이처럼 실질 경제성장률로 나라의 경제 상황을 평가하는 건 타당한 일 같다.

실질 경제성장률이 높을수록 경제가 성장해서 좋다는 생각을 좀 더 분해해 보겠다. 가령 명목 경제성장률이 5%인데 물가상승률도 5%라면 실질 경제성장률은 0이다. 이는 나아진 게 아무것도 없다는 의미다. 그런데 만들어져 팔린 물건의 종류와 수가 1년 전과 똑같고 물건 가격만 정확히 5%씩 올랐다면 명목 경제성장률은 5%로 계산될 거다.

즉 실질 경제성장률은 물가가 변하지 않았다는 가정하에서 만들어져 팔린 물건의 수가 늘었는지를 간접적으로 측정한다. 달리 말해 경제가 성장해서 좋다는 말은 궁극적으로는 국민들이 이전보다 더 많은 물건을 누리게 됐다는 의미다. 이게 경제 성장의 본의다. 더 많이 생산해서 더 많이 소비할 수 있었던 걸 두고 나빠졌다고 이야기할 사람은 없을 터다.

그러면 상황을 뒤집어 보겠다. 실질 경제성장률은 0보다 작지만 만들어져 팔린 물건의 총수가 늘어났다면 이를 어떻게 평가해야 할까?

그걸 나빠졌다고 이야기할 이유는 없다. 실질 경제성장률은 중간 단계에 불과하고 궁극의 기준은 물건의 총수여야 하기 때문이다.

혹시 명목 경제성장률의 오타가 아닌가 하고 생각할 사람이 있을 것 같다. 오타 아니고 실질 경제성장률 맞다. 그럼 이제는 거짓이거나 착각이라고 의심할 듯하다. 수학적으로 그런 일은 불가능하다고 생각해서다.

그렇다면 숫자로 확인해 볼 차례다. 누메노르는 가상의 나라다. 누메노르의 국내총생산은 핸드백과 핸드폰의 두 가지 품목으로 구성된다. 기준 연도에 핸드백과 핸드폰은 각각 100개씩 팔렸고 가격은 각각 100만원이다. 즉 기준 연도의 국내총생산은 2억원이다.

기준 연도 다음 첫째 해에 핸드백 가격이 120만원으로 오르고 핸드폰 가격은 90만원으로 내렸다. 누메노르 국민들은 가격에 민감하다. 그 결과 핸드백은 60개만 팔리고 핸드폰은 150개가 팔렸다. 그러한

표 32.1 누메노르의 국내총생산, 경제성장률 및 핸드백과 핸드폰 수의 합계

시간	국내총생산	물가	명목 성장률	물가 상승률	실질 성장률	물건 합계
0년차	2억원	100	–	–	–	200개
1년차	2억 700만원	105	3.5%	5.0%	−1.5%	210개
2년차	2억 1000만원	112.5	1.4%	7.1%	−5.7%	240개
3년차	2억 1600만원	120	2.9%	6.7%	−3.8%	300개

추세는 둘째 해와 셋째 해에도 계속되었다. 핸드백의 가격이 150만원, 180만원으로 뛰는 동안 각각 40개, 30개가 팔렸고, 핸드폰의 가격이 75만원, 60만원으로 떨어지는 동안 각기 200개와 270개가 팔렸다.

표 32.1에 의하면 3년 내내 누메노르의 물가상승률이 명목성장률보다 높아 실질성장률이 매년 음수다. 그럼에도 생산돼 팔린 핸드백과 핸드폰의 총수는 한 해도 빼지 않고 해마다 늘어났다.

누메노르가 예외에 지나지 않는다고 생각할 사람이 있을 듯싶다. 이번에 볼 나라는 아르노르다. 아르노르에서 기준 연도에 생산돼 팔린 물건의 종류와 가격 그리고 개수는 기준 연도에 누메노르와 같다. 즉 아르노르의 기준 연도 국내총생산은 누메노르와 전적으로 같은 2억원이다. 첫째 해에 아르노르의 핸드백과 핸드폰 가격은 각각 150만원과 60만원으로 조정되었다.

아르노르 국민들은 누메노르 국민보다 가격에 덜 민감하다. 첫째

표 32.2 아르노르의 국내총생산, 경제성장률 및 핸드백과 핸드폰 수의 합계

시간	국내총생산	물가	명목 성장률	물가 상승률	실질 성장률	물건 합계
0년차	2억원	100	–	–	–	200개
1년차	2억 700만원	105	3.5%	5.0%	−1.5%	210개
2년차	2억 1120만원	114	2.0%	8.6%	−6.5%	220개
3년차	2억 1480만원	129	1.7%	13.2%	−11.5%	230개

해에 아르노르에서 핸드백과 핸드폰은 각각 90개와 120개가 팔렸다. 둘째 해와 셋째 해에 핸드백 가격이 180만원, 220만원으로 오르는 동안 각각 80개와 70개가 팔렸고, 핸드폰 가격이 48만원, 38만원으로 떨어지는 동안 각기 140개와 160개가 팔렸다.

표 32.2에 따르면 아르노르의 물가상승률은 3년간 매년 명목성장률보다 높았다. 실질 경제성장률이 매년 0보다 작았다는 뜻이다. 그럼에도 생산돼 팔린 핸드백과 핸드폰 수의 합계는 해마다 늘었다.

누메노르와 아르노르는 지금부터 소개할 곤도르에 비하면 약과다. 곤도르의 기준 연도 경제 상황은 앞서 나온 누메노르나 아르노르와 똑같다. 첫째 해에 곤도르에서 핸드백과 핸드폰 가격은 150만원과 60만원으로 변동되었다.

곤도르 국민들도 아르노르 국민들처럼 가격에 민감하지 않다. 그 결과 첫째 해에 곤도르에서 핸드백과 핸드폰은 각각 80개와 125개가 팔렸다. 둘째 해와 셋째 해에 핸드백 가격이 170만원, 200만원으로 오르는 동안 각각 70개와 60개가 팔렸고, 핸드폰 가격이 50만원, 40만원으로 떨어지는 동안 각기 140개와 155개가 팔렸다.

표 32.3에 의하면 곤도르의 명목성장률은 매년 음수다. 거의 모든 경제학 전공자가 총액 관점에서 경제가 성장하지 않고 뒷걸음질했다는 확실한 증거로 제시할 법한 사항이다. 그러면서 물가상승률은 매년 양수다. 결과적으로 실질 상승률은 매년 마이너스 7%보다도 낮은 수준이다. 그럼에도 곤도르에서 생산돼 팔린 핸드백과 핸드폰 수의 합계는 해마다 어김없이 늘었다.

표 32.3 곤도르의 국내총생산, 경제성장률 및 핸드백과 핸드폰 수의 합계

시간	국내총생산	물가	명목 성장률	물가 상승률	실질 성장률	물건 합계
0년차	2억원	100	–	–	–	200개
1년차	1억 9500만원	105	-2.5%	5.0%	-7.5%	205개
2년차	1억 8900만원	110	-3.1%	4.8%	-7.8%	210개
3년차	1억 8200만원	120	-3.7%	9.1%	-12.8%	215개

실질은 물론이고 명목 경제성장률이 0보다 작아도 집합적으로 잘 사는 게 불가능하지 않다. 달리 말하면 현재의 경제성장률은 경제의 폴라리스, 즉 북극성으로 삼기에 적합하지 않다.

나오는 말

드디어 이 책의 마지막 부분이다. 개인적으로 이 책을 쓰면서 나는 영혼이 정화되는 느낌을 받았다. 오랫동안 붙들고 있던 질문인 '왜 나는 쉽지 않은 길을 계속 걷게 되었을까?'에 대한 간접적인 대답을 얻은 덕분이었다. 그 길이 없었다면 이 책에 풀어놓은 내용을 찾아 헤매었을 리도, 또 그러한 내용을 깨달았을 리도 없었다. 그게 은총이 아니면 무엇이 은총이겠는가.

각설하고, 가볍지 않은 내용을 적지 않게 이야기했다. 그걸 여기서 요약하는 건 간단한 일은 아니다. 여러분도 읽은 내용이 당장 다 기억나지 않아도 좋다. 새로운 투자가 여러분의 것이라면 도화지에 물감이 스며들 듯 어느새 모든 게 분명해질 거다. 아직은 때가 아니더라도 실망할 필요는 없다. 도박을 위해 확률 개념을 만든 블레즈 파스칼에게도 회심이 찾아왔다.

그래도 몇 가지만큼은 다시 강조하고 싶다. 도박이 아닌 투자가 우리에게는 필요하다. 단기 이익에 그치지 않는 장기 성장이 우리의 목표다. 그러려면 게임오버나 게임오버에 가까워질 수 있는 일은 피하는 게 마땅하다. 장기 성장을 장기 파멸로 둔갑하게 할 레버리지도 문제가 되지 않는 선에서 그쳐야 한다. 삶의 성과는 생존에 부속하기 때문이다.

파스칼이 썼던 것처럼 "인간의 위대함은 자신이 비참하다는 사실을 안다는 데 있다."

권오상, 확률의 승부사들, 날리지, 2024.

권오상, 에르고드 이코노미, 미지북스, 2023.

권오상, 투머치머니, 인물과사상사, 2022.

권오상, 억만장자가 되려면 대학을 중퇴해야 할까, 클라우드나인, 2021.

권오상, 혁신의 후원자 벤처캐피털, 클라우드나인, 2020.

권오상, 세 가지 열쇠, 부키, 2019.

권오상, 신금융 선언, 들녘, 2018.

권오상, 돈을 배우다, 오아시스, 2017.

권오상, 이기는 선택, 카시오페아, 2016.

권오상, 고등어와 주식, 그리고 보이지 않는 손, 미래의창, 2015.

권오상, 돈은 어떻게 자라는가, 부키, 2014.

권오상, 파생금융 사용설명서, 부키, 2013.

Adkins, Lisa, Melinda Cooper and Martijn Konings, The Asset Economy, Polity, 2020.

Aldred, Jonathan, Licence to be Bad: How Economics Corrupted Us, Allen Lane, 2019.

Ante, Spencer E., Creative Capital, Harvard Business Review Press,

2008.

Arnuk, Sal and Joseph Saluzzi, Broken Markets, FT Press, 2012.

Aven, Terje, Misconceptions of Risk, Wiley, 2010.

Banerjee, Abhijit and Esther Duflo, Good Economics for Hard Times, PublicAffairs, 2019.

Barabasi, Albert-Laszlo, The Formula: The Universal Laws of Success, Little, Brown and Company, 2018.

Bergstrom, Carl and Jevin D. West, Calling Bullshit, Random House, 2020.

Bodek, Haim, The Problem of HFT, Decimus Capital Markets, 2013.

Bodie, Zvi, Alex Kane and Alan J. Marcus, Investments, McGraw Hill, 6th edition, 2005.

Bogle, John C., The Clash of the Cultures: Investment vs. Speculation, Wiley, 2012.

Borge, Dan, The Book of Risk, Wiley, 2001.

Bonner, William and Addison Wiggin, The New Empire of Debt, 2nd edition, Wiley, 2009.

Bookstaber, Richard, A Demon of Our Own Design, Wiley, 2007.

Bookstaber, Richard, The End of Theory, Princeton University Press, 2017.

Bouchaud, Jean-Philippe and Marc Potters, Theory of Financial Risk and Derivative Pricing, Cambridge University Press, 2003.

Bowles, Samuel, The Moral Economy, Yale University Press, 2016.

Boyd, Graham, The Ergodic Investor and Entrepreneur, Evolutesix Books, 2023.

Bram, Uri, Thinking Statistically, CreateSpace, 2013.

Brenner, Reuven Gabrielle A. Brenner and Aaron Brown, A World of Chance, Cambridge University Press, 2008.

Brown, Ellen H., The Web of Debt, Third Millennium Press, 2008.

Carlson, Robert C., Invest like a Fox not like a Hedgehog, Wiley, 2007.

Celati, Luca, The Dark Side of Risk Management, FT Prentice Hall, 2004.

Cohen, Ronald, Impact, Ebury Press, 2020.

Cohen, Stephen S. and J. Bradford DeLong, The End of Influence, Basic Books, 2010.

Cooper, George, Fixing Economics, Harriman House, 2016.

Cooper, George, The Origin of Financial Crisis, Vintage, 2008.

Coyle, Diane, Cogs and Monsters, Princeton University Press, 2021.

Dellanna, Luca, Winning Long-Term Games, Independently published, 2024.

Dellanna, Luca, Ergodicity, Independently published, 2020.

Duke, Annie, How to Decide, Portfolio, 2020.

Ekeland, Ivar, The Broken Dice, The University of Chicago Press, 1993.

Ellenberg, Jordan, How Not To Be Wrong: The Power of Mathematical Thinking, Penguin, 2015.

Emerson, Jed, The Purpose of Capital, Blended Value Group Press, 2018.

Enrich, David, Dark Towers: Deutsche Bank, Donald Trump, and an Epic Tail of Destruction, Custom House, 2020.

Feustel, Elihu D. and Geroge S. Howard, Conquering Risk, Academic Publications, 2010.

Frank, Robert H., Under the Influence, Princeton University Press, 2020.

Frey, Bruno S. and David Iselin, Economic Ideas You Should Forget, Spinger, 2017.

Gilboa, Itzhak, Making Better Decisions, Wiley–Blackwell, 2011.

Gilboa, Itzhak, Rational Choice, MIT Press, 2010.

Gilboa, Itzhak, Theory of Decision under Uncertainty, Cambridge University Press, 2009.

Hagstrom, Robert G., Investing, Texere, 2000.

Halmos, Paul R., Lectures on Ergodic Theory, Dover, 2017.

Hansen, Lars P. and Thomas J. Sargent, Robustness, Princeton University Press, 2007.

Hazlitt, Henry, Economics in One Lesson, Three River Press, 1979.

Hoffman, Donald, The Case Against Reality, W. W. Norton & Company, 2019.

Housel, Morgan, The Psychology of Money, Harriman House, 2020.

Hubbard, Douglas W., The Failure of Risk Management, Wiley, 2009.

Hubbard, Glenn, The Wall and the Bridge, Yale University Press, 2022.

Hudson, Michael, ···and Forgive Them Their Debts, ISLET, 2018.

Johnson, Eric. J., The Elements of Choice, Riverhead Books, 2021.

Joshi, Mark, More Mathematical Finance, Pilot Whale Press, 2011.

Joshi, Mark, The Concepts and Practice of Mathematical Finance, Cambridge University Press, 2003.

Ivashina, Victoria and Josh Lerner, Patient Capital, Princeton University Press, 2019.

Kahneman, Daniel, Thinking, Fast and Slow, Farrar, Straus and Giroux, 2013.

Katsikopoulos, Konstantinos V. et al, Classification in the Wild, The MIT Press, 2021.

Keen, Steve, The New Economics, Polity, 2022.

King, Mervyn and John Kay, Radical Uncertainty, W. W. Norton & Company, 2020.

King, Thomas A., More Than a Numbers Game: A Brief History of Accounting, Wiley, 2006.

Knight, Frank H., Risk, Uncertainty, and Profit, Signalman Publishing, 2009.

Krakauer, David C., Worlds Hidden in Plain Sight, Santa Fe Institute Press, 2019.

Kucharski, Adam, The Perfect Bet, Basic Books, 2016.

Kuruc, Alvin, Financial Geometry, FT Prentice Hall, 2003.

Laplace, Marquis de, A Philosophical Essay on Probabilities, Dover, 1951.

Levitin, Daniel J., A Field Guide to Lies Age, Dutton, 2016.

Luenberger, David G., Investment Science, Oxford University Press, 1998.

Maclean, Leonard M et al, The Kelly Capital Growth Investment Criterion, World Scientific, 2011.

Mallaby, Sebastian, The Power Law, The Penguin Press, 2022.

Martin, Roger L., When More is Not Better, Harvard Business Review Press, 2020.

Mauboussin, Michael J., The Success Equation, Harvard Business Review Press, 2012.

Mazzucato, Mariana, The Value of Everything, PublicAffairs, 2018.

McCauley, Joseph L., Dynamics of Markets, Cambridge University Press, 2004.

McCloskey, Deirdre Nansen, Bettering Humanomics, University of Chicago Press, 2021.

Michaels, David, The Triumph of Doubt, Oxford University Press, 2020.

Miller, Ross M., Experimental Economics, Wiley, 2002.

Milo, Daniel S., Good Enough, Harvard University Press, 2019.

Minsky, Hyman P., Stabilizing an Unstable Economy, McGraw Hill, 2008.

Neftci, Salih N., Principles of Financial Engineering, Elsevier, 2004.

O'Connor, Cailin and James Owen Weatherall, The Misinformation Age, Yale University Press, 2020.

Ormerod, Paul, Why Most Things Fail, Faber and Faber, 2006.

Ormerod, Paul, Butterfly Economics, Faber and Faber, 1998.

Olson, Erika S., Zero-Sum Game, Wiley, 2011.

Orrell, David, Quantum Economics: The New Science of Money, Icon Books, 2018.

Page, Scott E., The Diversity Bonus, Princeton University Press, 2017.

Page, Scott E., The Model Thinker, Basic Books, 2018.

Peterson, Martin, An Introduction to Decision Theory, Cambridge

University Press, 2009.

Pistor, Katharina, The Code of Capital, Princeton University Press, 2019.

Portnoy, Brian, The Investor's Paradox, St. Martin's Press, 2014.

Purica, Ionut, Nonlinear Dynamics of Financial Crises, Academics Press, 2015.

Quinn, William and John D. Turner, Boom and Bust, Cambridge University Press, 2021.

Rajan, Raghuram G., Fault Lines, Princeton University Press, 2010.

Reich, Robert B., Saving Capitalism, Knopf, 2015.

Reinhart, Carmen M. and Kenneth S. Rogoff, This Time is Different, Princeton University Press, 2009.

Ritchie, Stuart, Science Fictions, Metropolitan Books, 2020.

Rodin, Judith and Saadia Madsbjerg, Making Money Moral, Wharton School Press, 2021.

Roth, Alvin E., Who Gets What – and Why, Eamon Dolan/Houghton Mifflin Harcourt, 2015.

Rubinstein, Mark, A History of the Theory of Investments, Wiley, 2006.

Savage, Leonard J., The Foundations of Statistics, Dover, 1972.

Schelling, Thomas C., Micromotives and Macrobehavior, Norton,

1978.

Schwed, Fred Jr., Where are the Customers' Yachts?, Wiley, 1995.

Scott, Bruce R., The Concept of Capitalism, Springer, 2009.

Shleifer, Andrei, Inefficient Markets, Oxford University Press, 2000.

Sibony, Olivier, You're About to Make a Terrible Mistake, Little, Brown Spark, 2020.

Smith, Ed, Luck: What It Means and Why It Matters, Bloomsbury Publishing, 2012.

Smith, Vernon and Bart J. Wilson, Humanomics, Cambridge University Press, 2019.

Smith, Vernon, Rationality in Economics, Cambridge University Press, 2008.

Sol, Jacob, Free Market, Basic Books, 2022.

Sornette, Didier, Why Stock Markets Crash, Princeton University Press, 2003.

Taleb, Nassim N., Antifragile, Random House, 2012.

Taleb, Nassim N., Fooled by Randomness, Texere, 2001.

Taleb, Nassim N., Skin in the Game, Random House, 2018.

Taleb, Nassim N., The Bed of Procrustes, Random House, 2010.

Taleb, Nassim N., The Black Swan, Random House, 2007.

Wilmott, Paul, and David Orrell, The Money Formula, Wiley, 2017.